Steve BIDDULPH

LE SECRET DES
ENFANTS HEUREUX

•MARABOUT•

Mes remerciements à la communauté des spécialistes de l'Analyse transactionnelle du début des années 1970 à nos jours, en particulier Colin McKenzie, Pat McKenzie, les Maslen, les Mellor et Jean Grigor. Ces gens m'ont sauvé la vie, et ils m'ont lancé sur ce merveilleux chemin. À mes parents, pour m'avoir donné un bon départ dans la vie. À mon incomparable compagne Shaaron Biddulph. À Robin Freeman, Philippa Sandall, Rex Finch et aux directeurs éditoriaux passés et présents de HarperCollins. Et à tous les parents du monde, qui poursuivent le combat sans pour autant oublier d'en rire.

© Steve and Shaaron Biddulph 1984, 1988, 1993, 1998.

Ce livre a été publié pour la première fois par Bay Books, Sydney, Australie, en 1984, avec l'autorisation de HarperCollins Publishers, sous le titre : *« The secret of happy children. »*

© Marabout / Hachette-Livre, 2002, pour la traduction française.
Traduction : Dominique Darbois-Clous.

Sommaire

Pourquoi j'ai écrit ce livre 7

Avant-propos 9

1. Des graines dans le cerveau 11
Jour après jour, vous hypnotisez vos enfants.
Autant le faire correctement !

2. Ce que veulent vraiment les enfants 34
C'est moins cher que les jeux vidéo,
et plus sain que les bonbons !

3. Guérir par l'écoute 51
Comment aider les enfants à vivre
dans un monde sans pitié.

4. Les enfants et les émotions 58
Que se passe-t-il vraiment ?

5. Le parent sûr de lui 79
La fermeté, c'est tout de suite !

6. Le milieu familial 96
Papa ? C'est qui, papa ?

7. Âges et étapes 109
Vous croyez que c'est normal ?

8. L'énergie, et comment l'économiser 124
La bonne nouvelle : vos enfants ont besoin
de vous heureux et en bonne santé.

Annexes 136
Comment intervenir si vous êtes professeur,
homme politique, grand-parent, voisin ou ami.

Bibliographie 154

Complément d'information 155

POURQUOI J'AI ÉCRIT CE LIVRE

En écrivant *Le secret des enfants heureux*, jamais je n'aurais imaginé qu'il rencontrerait un tel succès. Quatorze ans après m'être installé devant ma machine à écrire, plus d'un million de personnes l'ont lu, dans quatorze langues.

Quand j'ai écrit *Le secret...*, je n'étais qu'un débutant dans le domaine de la thérapie familiale, animé du désir sincère d'aider les pères et les mères à avoir de bons rapports avec leurs enfants, et les enfants à vivre sans les déceptions et les craintes souvent ressenties par notre génération.

La première édition annonçait en première page que je n'avais pas d'enfants, seulement des wombats[1] (et avec ça, plutôt mal élevés !). Je l'avais mentionné parce que c'était vrai, et aussi parce que voulais que mes lecteurs accueillent mes propos avec un minimum de recul : qu'ils fassent confiance à leur propre jugement. Je le pense toujours : les experts sont une menace pour les familles ! Si vous écoutez votre propre cœur, il vous indiquera toujours la

---

1. Marsupial d'Australie (N.d.t.).

meilleure façon d'élever vos enfants. Les livres, les experts, les amis ne vous aident vraiment que s'ils vous rapprochent du bon sens qui est en vous.

J'ai maintenant moi-même des enfants, et mes wombats sont tous adultes ! Mais au fond de moi, je n'ai pas changé. Je me sens toujours aussi attendri quand je vois une jeune mère avec son nouveau-né ou un père en train de jouer avec ses enfants. J'admire bien plus les jeunes parents et tous leurs efforts que les vedettes du sport, les stars du rock ou les grands businessmen…

Bref, je suis fier de lancer cette nouvelle édition. Par centaines, des parents m'ont dit qu'ils avaient trouvé les conseils de ce livre efficaces et d'un grand secours. J'y ai incorporé une bonne part de ce qu'ils m'ont eux-mêmes appris, afin de le rendre plus efficace encore.

J'espère qu'il vous plaira,

Steve Biddulph

AVANT-PROPOS

Pourquoi tant d'adultes sont-ils malheureux ?

Réfléchissez au nombre de personnes que vous connaissez qui ont des problèmes, qui manquent de confiance en eux, sont incapables de prendre une décision, ne savent pas se détendre ni se faire des amis. Pensez à tous ceux qui sont agressifs, qui écrasent les autres, qui ne se soucient pas des besoins de leur entourage. Ajoutez-y tous ceux qui tiennent le coup dans l'attente du prochain verre ou du prochain tranquillisant.

Dans l'un des pays les plus riches et les plus paisibles du monde[1] sévit une véritable épidémie de tristesse. Un adulte sur cinq aura, à un moment de sa vie, besoin de soins psychiatriques, un mariage sur trois se termine en divorce, un adulte sur quatre prend des médicaments pour se détendre. La vie est belle !

Le chômage et les difficultés économiques n'aident pas, mais la tristesse touche tous les groupes socio-économiques, riches, pauvres et toutes les classes intermédiaires.

---

1. L'Australie – mais ces statistiques valent pour tout le monde occidental (N.d.t.).

En fait, c'est un problème que l'argent ne semble pas pouvoir résoudre.

Mais d'un autre côté, nous sommes souvent frappés par la gaieté et l'optimisme perpétuel de certaines personnes. Comment se fait-il que, chez certains individus, le génie humain fleurisse en dépit des épreuves ?

Il se trouve tout simplement que la tristesse a été, chez de nombreuses personnes, véritablement programmée. Quand elles étaient enfants, on leur a appris sans le vouloir à être malheureuses, et elles se conforment, adultes, au scénario prévu. À la lecture de ce livre, vous découvrirez peut-être que vous êtes en train, involontairement, « d'hypnotiser » vos enfants, de sorte qu'ils ne s'aimeront pas eux-mêmes, ce qui leur créera des problèmes tout au long de leur vie.

Mais ce n'est pas une fatalité. Vous pouvez « programmer » vos enfants à être optimistes, aimants, capables et heureux. Leur donner la chance d'avoir une vie longue, remplie de succès. Allons-y…

1

DES GRAINES DANS LE CERVEAU

Jour après jour, vous hypnotisez vos enfants !
Autant le faire correctement.

Il est 9 heures du soir. Je suis dans mon bureau avec une jeune fille de quinze ans, en larmes. Son maquillage et ses vêtements à la mode font plus vieux que son âge, mais la rendent finalement plus enfant, plus fragile. Elle est enceinte. Que faire ?

Cette situation m'est familière, comme elle l'est à tous ceux qui travaillent avec les adolescents. Cela ne veut pas dire qu'il faille bousculer les choses. Pour cette jeune fille assise en face de moi, ce jour est le plus horrible de sa vie ; elle a besoin de tout le soutien, de tout le temps et de toutes les explications que je peux lui offrir. Par-dessus tout, elle doit prendre une décision, sa propre décision.

Je lui demande quelle sera, à son avis, la réaction de ses parents quand ils seront au courant. Elle crache pratiquement la réponse :

« Oh, ils diront : "On te l'avait bien dit !" Ils ont toujours dit que je ne serais bonne à rien ! »

Plus tard, sur la route du retour, c'est cette phrase qui me trotte dans la tête : « Ils ont toujours dit que je ne serais bonne à rien. » J'ai souvent entendu des parents parler comme ça à leurs gosses :

> « *Tu n'es bon à rien.* »
> « *Bon sang, quelle peste, cet enfant !* »
> « *Tu vas le regretter, tu vas voir.* »
> « *Tu es aussi mauvais que l'oncle Martin (qui est en prison).* »
> « *Tu es exactement comme tatie Éva (qui a un penchant pour la boisson).* »
> « *Tu es complètement fou, tu m'entends ?* »

C'est le type de prédiction avec laquelle de nombreux jeunes grandissent ; elle est faite sans y penser par des parents à bout de nerfs, et se transmet, comme une sorte de malédiction familiale, de génération en génération. C'est ce qu'on appelle une prophétie autoréalisable, parce que la répéter souvent la fait devenir vraie. Doués d'une grande finesse de perception, les enfants répondent en général à nos attentes !

Ce sont là des exemples extrêmes, que nous saurions tous reconnaître immédiatement comme destructeurs. Mais la programmation négative est généralement bien plus subtile. Regardons des enfants grimper aux arbres dans un terrain vague. « Tu vas tomber ! Attention ! Tu vas glisser ! » crie la voix anxieuse d'une mère de l'autre côté de la palissade.

Un père sort d'une dispute avec sa femme, partie en claquant la porte s'acheter des cigarettes. « Tu vois, mon garçon, faut jamais faire confiance aux femmes. Elles vous usent toutes. » Le petit garçon de sept ans le regarde gravement et hoche la tête : « Oui, papa. »

Et puis, dans tant de salons et tant de cuisines :

« Bon sang, qu'est-ce que tu peux être flemmard ! »
« Tu es tellement égoïste ! »
« Espèce d'imbécile, arrête ça ! »
« Quelle sotte ! »
« Donne-le-moi, idiot ! »
« Tu es une vraie peste ! »

Non seulement ces paroles blessantes mettent l'enfant mal à l'aise, mais elles ont en plus un effet hypnotique et agissent dans son inconscient à la manière de graines qu'on lui planterait dans le cerveau, qui y pousseraient, jusqu'à former l'image qu'il a de lui-même et devenir en fin de compte une partie de sa personnalité.

COMMENT HYPNOTISONS-NOUS NOS ENFANTS ?

Depuis longtemps, l'hypnose et la suggestion sont objet de fascination. Même si elles semblent appartenir au monde du mysticisme et de l'irrationnel, elles sont pourtant reconnues par la science. La plupart des gens ont été témoins de ce phénomène, à l'occasion d'un spectacle, d'un programme de désintoxication au tabac ou simplement à l'écoute d'un disque de relaxation.

Tout le monde connaît les éléments clés de l'hypnose : l'emploi d'un objet pour distraire l'attention (« ne quittez pas la montre des yeux »), l'autorité de la voix (« vous avez sommeil »), et le ton rythmé, répétitif de l'hypnotiseur (« maintenant, vous vous réveillez ! »). Nous avons tous aussi entendu parler de la suggestion par hypnose, de la possibilité de donner un ordre auquel la personne obéira après son « réveil », à un signal précis, souvent à sa grande surprise. Tout cela fait d'excellents spectacles de divertissement, mais aussi de très bonnes thérapies si l'on s'en remet à un praticien qualifié.

HYPNOTISÉ SANS LE SAVOIR

Le docteur Milton Erikson était mondialement reconnu comme le meilleur des hypnotiseurs. Un jour, on lui a demandé de soigner un homme qui souffrait énormément d'un cancer et sur lequel les antalgiques n'avaient aucun effet ; il refusait de se soumettre à l'hypnose. Erikson se rendit simplement au chevet du patient et discuta avec lui de son passe-temps favori, la culture des tomates.

Un auditeur attentif aurait pu distinguer le rythme inhabituel du discours d'Erikson, et l'accent posé sur certaines expressions comme « très profond » (dans la terre), « bonne, ferme » (la croissance), « facile » (la cueillette), « dans la chaleur » (dans la serre). L'observateur aurait pu remarquer aussi que l'expression et l'attitude d'Erikson variaient subtilement quand il prononçait ces mots clés. Le patient prit tout cela pour une conversation plaisante. Mais jusqu'à sa mort, cinq jours plus tard comme l'avaient prévu les médecins, il ne ressentit plus de douleur.

Mais ce dont la plupart des gens ne se rendent pas compte, c'est que *l'hypnose est un phénomène quotidien*. Chaque fois que nous employons certaines expressions, nous touchons l'inconscient de nos enfants et nous les « programmons », même si nous n'en avons pas du tout l'intention.

Un petit exemple : à un garçon qui grimpe dans un arbre, une mère sera peut-être tentée de dire : Antoine ! Ton pied va glisser, tu vas lâcher prise, tu vas tomber, te casser le bassin et te trancher la carotide sur le verre, l'ambulance va se tromper de direction, tu vas perdre un litre de sang et rester en soins intensifs pendant des mois, et dans quel état je vais me trouver, moi ?

L'idée selon laquelle l'hypnose requiert la transe ou un état second a été depuis longtemps abandonnée. Ce n'était là qu'une des approches de l'inconscient. La vérité, assez effrayante il faut le dire, est que l'esprit humain peut être programmé durant la vie éveillée ordinaire, sans que la personne concernée s'en rende compte. Déjà, aux États-Unis, de nombreux vendeurs et publicitaires, ainsi que des avocats, se forment à des méthodes qui utilisent l'hypnose dans les échanges professionnels : des pratiques qui font peur. Mais l'hypnose involontaire, elle, fait partie de la vie quotidienne. Les parents, sans s'en rendre compte, impriment dans le cerveau de leur enfant des messages dont l'écho va résonner en lui toute sa vie durant, à moins qu'ils ne soient démentis avec vigueur.

LES MESSAGES « TU »

L'esprit d'un enfant est rempli de questions. Les plus importantes de toutes sont peut-être : « Qui suis-je ? », « Quel genre de personne suis-je ? », « Où est ma place ? » Ce sont des questions sur la définition de soi, ou questions identitaires, sur lesquelles nous basons nos existences une fois adultes, et à partir desquelles nous prenons toutes nos grandes décisions. L'esprit d'un enfant est très affecté par les affirmations qui commencent par les mots « Tu es ».

Que le message soit « Tu es tellement paresseux » ou « Tu es un chouette gosse », ces affirmations en provenance des « grandes personnes » vont s'imprimer profondément et fermement dans l'inconscient de l'enfant. J'ai entendu tant d'adultes, en pleine crise existentielle, se rappeler ce qu'on leur avait dit dans leur enfance : « Je ne suis qu'un bon à rien, je le sais bien. »

Imaginez combien la vie de vos enfants sera différente s'ils pensent d'eux-mêmes :

- *Je suis quelqu'un de bien*
- *Je m'entends bien avec tout le monde*
- *J'arrive à comprendre les choses*
- *Je suis intelligent(e)*
- *Je suis vraiment créatif(ve)*
- *Mon corps est sain et solide*
- *J'aime bien mon physique*
- *… etc. !*

Les psychologues (qui adorent compliquer les choses) appellent « attributions » ces affirmations. Ces attributions ressurgissent encore et encore tout au long de la vie adulte :

« Et si tu postulais pour cette promotion ? – Non, je ne suis pas assez bon. »

« Mais il est exactement comme ton ex-mari. Pourquoi l'as-tu épousé ? – Je suis bête, sans doute. »

« Pourquoi tu les laisses te manipuler ainsi ? – Ça a toujours été comme ça. »

Ces paroles – « pas assez bon », « je suis bête » – n'ont pas surgi de nulle part. Elles sont enregistrées dans le cerveau des gens parce qu'elles leur ont été dites à un âge où ils étaient incapables de mettre leur véracité en question. Je vous entends dire : « Mais les enfants ne sont sûrement pas d'accord avec ces messages " Tu " qu'on leur envoie ? »

Bien sûr, les enfants réfléchissent à ce qu'on leur dit et cherchent à en vérifier l'exactitude. Mais ils peuvent très bien ne pas avoir d'élément de comparaison. Il nous arrive à tous d'être paresseux, égoïstes, peu soigneux, stupides, négligents, malintentionnés, etc. Le prédicateur à l'ancienne qui promettait l'enfer à tous en tonnant « Vous avez péché ! » avait la partie belle : tout le monde est coupable de quelque chose !

« Les adultes savent tout ; ils peuvent lire dans mes pensées », voilà ce que croit l'enfant. Alors, quand on lui dit « Tu es maladroit », il devient nerveux… et maladroit. L'enfant qualifié de « peste » se sent rejeté ; son désir d'être rassuré devient impérieux, et il s'agrippe encore plus. Celui que l'on traite d'idiot peut ne pas être d'accord du tout en apparence, mais au fond de lui, il ne peut qu'acquiescer avec tristesse. C'est toi l'adulte, tu dois avoir raison.

Les messages « Tu » fonctionnent à la fois aux niveaux conscient et inconscient. Dans ma pratique clinique, je demande souvent à des enfants de se décrire eux-mêmes, et ils me disent des choses comme « Je suis mauvais », « Je suis une peste ».

D'autres montrent qu'ils sont dans la confusion – « Maman et papa disent qu'ils m'aiment, mais je ne les crois pas. » Ils entendent consciemment les paroles, mais au niveau inconscient ils entendent/voient/perçoivent un sentiment différent derrière les mots.

Tout dépend de la manière dont les choses sont dites. On peut choisir de dire aux enfants « Je suis fâché contre toi et je veux que tu ranges tes jouets MAINTENANT » sans pour autant redouter un effet durable. Mais si l'on dit « Espèce de sale petit feignant, pourquoi est-ce que tu ne fais jamais ce qu'on te dit ? » et que l'on répète ce genre de message à chaque fois qu'un conflit survient, il ne faudra pas s'étonner du résultat.

Ne faites pas semblant d'être heureux ou aimant quand vous ne le sentez pas ; cela prête à confusion et peut rendre les enfants fuyants et, à terme, vraiment perturbés. On peut rester honnête vis-à-vis de ses propres sentiments sans pour autant rabaisser les enfants. Ils peuvent très bien gérer un « Je suis très fatigué aujourd'hui » ou « Écoute, tout de suite je suis trop fâchée »… à plus forte raison si cela correspond à ce qu'ils ressentent. Cela les aide à prendre conscience que vous aussi, vous êtes un être humain, ce qui ne peut qu'être une bonne chose.

Une fois, dans une réunion qui rassemblait de nombreux parents, j'ai demandé aux personnes présentes de me dire quels étaient les messages « Tu » qu'ils se souvenaient avoir reçus dans leur enfance. Je les ai inscrits sur un tableau blanc. Voici le résultat :

> *Tu es paresseux maladroit stupide / une peste rien qu'une fille / trop jeune pour comprendre / égoïste gourde / crampon dégoûtant / négligente sans égards pour les autres / toujours en retard goinfre / hargneux sans cervelle braillard / pas courageux une charge complètement folle / débile tu rends ta mère malade / moche immature / ton père tout craché… et ainsi de suite.*

Au début, les exemples sont venus par petites bribes, au fur et à mesure que les gens activaient leur mémoire, mais à la fin, le tableau était rempli et l'on était à deux doigts de l'émeute dans la salle. Le sentiment de soulagement et de libération était palpable tandis que les gens exprimaient à voix haute les mots qui les avaient blessés tant d'années plus tôt.

Très peu pensaient que leurs parents s'étaient montrés délibérément destructeurs ou cruels : c'était simplement la manière dont on éduquait les enfants. « Dites-leur qu'ils sont mauvais et ça les rendra bons ! » C'était le Moyen Âge de l'éducation enfantine, dont nous commençons tout juste à sortir.

L'audition inconsciente est un autre phénomène dont vous avez sûrement fait l'expérience. Vous êtes dans une fête ou une réunion ; vous écoutez quelqu'un qui parle à côté de vous. La pièce est remplie du brouhaha des conversations, peut-être y a-t-il aussi de la musique. Sou-

VOTRE CERVEAU SE SOUVIENT DE TOUT CE QUI VOUS EST ARRIVÉ

Dans les années 1950, les personnes atteintes d'épilepsie avaient une vie difficile, car on ne disposait pas des médicaments d'aujourd'hui. Un médecin du nom de Penfield avait découvert qu'une opération pouvait soulager les cas les plus graves. En pratiquant de fines incisions à la surface du cerveau des patients, il parvenait parfois à réduire, voire même à stopper les « orages électriques » qui entraînent les crises.

Ce qui est intéressant – j'espère que vous êtes assis – c'est que, pour des raisons de sécurité, on laissait le patient éveillé et on pratiquait l'opération sous anesthésie locale. Le chirurgien faisait une petite découpe dans le crâne, pratiquait les incisions, réajustait l'os et recousait le tout. Cela me fait frémir, tout comme vous, mais c'était mieux que l'épilepsie.

Pendant l'opération, le patient vivait une expérience très surprenante. Alors que le chirurgien, muni d'une sonde très fine, touchait délicatement la surface de son cerveau, il avait soudain des souvenirs très nets : par exemple *Autant en emporte le vent* au cinéma, des années auparavant, avec l'odeur de parfum bon marché de la salle et la choucroute de la personne assise devant ! Quand le médecin déplaçait la sonde à un autre endroit, la personne revoyait l'anniversaire de ses quatre ans, tout en restant pleinement éveillée, assise dans le fauteuil du bloc opératoire. La même chose se répétait pour chaque patient, avec bien entendu des souvenirs différents.

Par la suite, la recherche est venue étayer cette découverte étonnante : tout – chaque image, chaque son, chaque mot entendu – reste à jamais mémorisé dans notre cerveau, avec les émotions que l'on a ressenties au même moment. On a souvent du mal à s'en souvenir, mais tout est bien là, et engendre les mêmes effets. Sur la surface plissée de notre cerveau, c'est notre vie tout entière qui est enregistrée !

dain, vous entendez distinctement, dans une conversation qui se tient à l'autre bout de la pièce, quelqu'un prononcer votre nom ou le nom d'un ami, ou quelque chose qui vous concerne. Et vous vous dites : « Aïe ! Qu'est-ce qu'ils peuvent bien raconter à mon sujet ? »

Comment cela peut-il se produire ? La recherche montre que l'audition distingue deux niveaux : d'abord, ce que nos oreilles récoltent effectivement ; ensuite, ce qui attire notre attention consciente.

Vous ne vous en rendez peut-être pas compte, mais votre système auditif filtre toutes les conversations à sa portée dans la pièce ; s'il perçoit un mot ou une phrase clé, votre cerveau met immédiatement en connexion votre attention consciente. Vous ne pouvez pas écouter tout ce qui se dit en même temps, bien sûr, mais un premier filtre repère les informations importantes. Ce phénomène est connu grâce à de nombreuses expériences, mais aussi parce que les personnes sous hypnose peuvent se souvenir de choses *qu'elles n'avaient jamais remarquées consciemment.*

Dans de nombreux pays du monde, on a constaté le phénomène suivant :

> *Tard dans la nuit, un chauffeur perd le contrôle de son semi-remorque, dévale une pente et défonce la façade d'une maison. Quand les sauveteurs entrent dans la maison, ils sont très surpris de trouver une jeune femme endormie, que le crash n'a pas dérangée. Alors qu'ils hésitent, ne sachant que faire, un bébé se met à pleurer dans la chambre du fond. La mère se réveille aussitôt : « Mais… qu'est-ce qui se passe ? »*
>
> *Le filtre de son système auditif a continué à fonctionner pendant son sommeil, mais pour un seul objet, le bébé, et seuls les pleurs du tout-petit ont été mis en connexion avec sa conscience.*

ENTENDRE ET GUÉRIR

Un de mes professeurs, le docteur Virginia Satir, rapporte cette histoire :

Une petite fille venait d'être opérée des amygdales. De retour dans sa chambre, elle n'arrêtait pas de saigner. Le docteur Satir s'était jointe au reste de l'équipe pour examiner les incisions, toujours ouvertes, au fond de la gorge de l'enfant.

Sur une intuition, elle demande ce qui s'est passé au bloc pendant l'opération.

« Eh bien, on venait juste de terminer l'opération d'un cancer de la gorge sur une vieille dame. »

« De quoi avez-vous parlé ? »

« Eh bien, de cette opération. La vieille dame avait peu de chances de s'en sortir ; il y avait trop de lésions. »

Le docteur Satir réfléchit rapidement. Elle revit l'enfant subissant l'opération de routine, sous anesthésie générale, tandis que l'équipe discutait du patient précédent : « peu de chances de s'en sortir », « état très dégradé ».

Vite, elle fit ramener l'enfant au bloc. Elle expliqua à l'équipe ce qu'elle devait dire :

« Holà ! Cette petite est en pleine forme, pas comme la vieille dame qu'on a opérée avant », « Sa gorge est impeccable, tout ira bien », « Elle va guérir en deux temps trois mouvements et pourra retourner jouer avec ses copines ! ».

L'hémorragie s'est arrêtée. Le jour suivant, une fois disparus les effets de l'anesthésie, la petite est rentrée chez elle.

En quoi tout ceci concerne-t-il les enfants ? Pensez à tout ce qu'on dit à leur sujet quand on pense qu'ils n'écoutent pas. Puis souvenez-vous de leur remarquable puissance d'écoute (un papier de bonbon à 50 mètres !). On peut même inclure leur temps de sommeil, car il est prouvé que les sons et les paroles s'enregistrent même quand on est en train de dormir et de rêver.

Il y a aussi toute cette période durant laquelle l'enfant ne sait pas encore parler (ou n'a pas encore décidé de le montrer). Des mois avant qu'il ne parle pour de bon, un tout-petit peut comprendre une bonne partie de ce qui se dit, même s'il ne connaît pas tous les mots.

Je reste souvent stupéfait devant des parents qui sont en conflit actif depuis des années ou sont profondément malheureux pour une raison ou une autre, et qui me disent : « Bien sûr, le petit ne sait rien de tout cela. » Mais les enfants savent pratiquement tout, sur tout ! Ils peuvent chercher à vous épargner en le gardant pour eux ou ne le montrer qu'indirectement en faisant pipi au lit ou en essayant d'étrangler leurs frères et sœurs, mais ils savent. Donc, si vous parlez de vos enfants, vérifiez que vous dites bien ce que vous voulez réellement dire. C'est un canal direct vers leur conscience.

Et pourquoi ne pas utiliser ce canal pour les encourager, en disant ce que vous aimez et appréciez authentiquement chez eux devant d'autres personnes alors qu'ils sont à portée de voix ? C'est particulièrement utile aux âges où les compliments directs les gênent.

DONNER PLUS DE FORCE À NOS MESSAGES

Les scientifiques se sont rendu compte qu'un message s'imprime bien plus profondément dans l'esprit d'une personne s'il s'accompagne d'autres signaux venant le renforcer, comme le toucher, le contact des yeux ou l'inflexion de la voix.

C'est simple comme bonjour.

Si quelqu'un vous dit : « Tu n'es qu'une peste ! », vous vous sentirez sans doute assez contrarié. S'il le dit avec une voix forte et en fronçant les sourcils, c'est pire.

S'il hurle, marche vers vous en faisant des gestes menaçants et semble un peu perdre le contrôle de lui-même, vous vous sentez très mal.

S'il est trois fois plus grand que vous et que c'est un membre de votre famille – dont votre bien-être dépend –, vous vous souviendrez sans doute de cet incident toute votre vie.

Les hommes et les femmes d'aujourd'hui (notamment ceux d'origine anglo-saxonne[1]) font preuve, de manière générale, d'une certaine retenue dans la vie de tous les jours. Nous n'agissons ni ne parlons avec passion ou avec éclat. Nous avons tendance à garder pour nous nos sentiments, bons ou mauvais, et, quand les choses tournent mal, nous essayons de porter le fardeau sans rien montrer.

C'est pour cette raison que nos enfants, au quotidien, ne reçoivent que des messages flous ou indirects. « Écoute, ne fais pas ça, mon chou, viens plutôt », « Gentil garçon ! » Positifs ou négatifs, ces messages sont banals et n'ont pas beaucoup d'impact.

Puis un jour, quand les vicissitudes de la vie dépassent vraiment maman ou papa, c'est l'explosion : « Tu vas la boucler, sale môme ! » avec des yeux fous furieux, une approche soudaine et menaçante, une voix fortissimo qui créent une sensation palpable, tout à fait inoubliable, de perte de contrôle. On ne peut échapper au message, même s'il n'est pas vrai : « C'est ça que maman et papa pensent vraiment de moi ! »

Les paroles prononcées dans ces moments-là par les parents à bout de nerfs peuvent être réellement très fortes :

> *« J'aurais préféré que tu ne sois pas né ! »*
> *« Tu es idiot, complètement idiot ! »*
> *« Tu me tues, tu m'entends ? »*
> *« Je pourrais t'étrangler ! »*

---

1. Nous rappelons que l'auteur est australien (N.d.t.).

CE QU'IL NE **FAUT PAS** FAIRE

Pour lui apprendre la discipline, ne pas utiliser de paroles humiliantes : une demande simple suffit.

Rends-moi ça, sale petit égoïste !

Ne pas humilier de façon « sympathique », par exemple avec un surnom.

Hé ! Dumbo ! À table !

Ne jamais faire de comparaisons !

Tu es aussi nul que ton père !

Pourquoi tu ne peux pas être mignon, comme ton petit frère ?

Montrer l'exemple !

Tu vas te calmer, oui ou merde !

Tu le frappes encore une fois et je te TUE !

Ne jamais parler à des tiers des défauts des enfants si ces derniers sont à portée de voix.

Elle est terriblement timide, je ne sais pas comment elle va s'en sortir.

Ne pas s'enorgueillir de comportements qui pourront poser problème plus tard.

Il lui a filé un vrai gnon ! Ça, c'est un battant !

Ne pas utiliser la culpabilité pour contrôler un enfant. Débarrassez votre répertoire parental de ce genre d'affirmations. Vous vous sentirez mieux, et vos enfants aussi :

Bon sang, tu m'épuises ! C'est sûr, je vais tomber malade !

Tu vois ce que tu fais à ta mère !

Se mettre en colère contre des enfants ou à côté d'eux n'est pas mauvais. Au contraire, les enfants ont besoin d'apprendre qu'on peut se mettre en colère, décharger sa tension et se faire entendre, en toute sécurité. Élizabeth Kubler Ross dit que la vraie colère dure 20 secondes et consiste essentiellement en production sonore. Le problème survient quand les messages positifs (« Tu es formidable », « On t'aime », « On s'occupera de toi ») ne sont pas aussi fiables ni aussi puissants : souvent, même quand nous les pensons, nous ne les disons pas.

Presque tous les enfants sont très aimés, mais beaucoup d'entre eux ne le savent pas ; beaucoup d'adultes finiront leur vie en pensant toujours qu'ils ont été un fardeau pour leurs parents et qu'ils les ont déçus. En thérapie familiale, un des moments les plus émouvants survient lorsqu'on peut évacuer ce malentendu entre parents et enfant.

Quand l'enfant traverse une période difficile – la naissance d'un nouvel enfant, un divorce, un échec scolaire ou le chômage –, envoyer des messages positifs est important, en les renforçant par une main sur l'épaule et un regard direct : « Quoi qu'il arrive, tu es particulier et important pour nous. Nous savons que tu es quelqu'un de bien. »

Jusqu'ici, nous avons parlé de la programmation inconsciente, qui fera d'un enfant un adulte malheureux. Mais il y a aussi toutes sortes de canaux conscients !

COMMENT PROGRAMMER POSITIVEMENT VOS ENFANTS

Parfois, il sera nécessaire de parler à votre enfant de façon marquée et directe, en le regardant dans les yeux et en le tenant en même temps. D'autres fois, il suffira de parler normalement, de manière détachée, pour qu'il puisse enregistrer l'information facilement et naturellement.

LA FAÇON DE LE DIRE
LA PAROLE POSITIVE AIDE LES ENFANTS
À RÉUSSIR

Ce ne sont pas seulement les compliments ou les critiques qui déterminent le niveau de confiance en lui d'un enfant. Nous programmons aussi nos enfants par la manière dont nous leur donnons les instructions et les ordres, par notre vocabulaire, négatif ou positif.

Adultes, nous guidons notre propre comportement et nos sentiments par notre discours intérieur, ce « bavardage » à l'intérieur de notre tête : « Il faut que je pense à faire le plein », « C'est pas vrai, j'ai oublié mon porte-monnaie, je deviens gaga ! », etc. Ce discours intime, nous l'avons appris directement de nos parents et de nos enseignants. Nous avons en effet la formidable opportunité d'inculquer à nos enfants toutes sortes d'informations utiles ; ils vont les stocker dans leur for intérieur et se créer ainsi un moteur d'auto-encouragement qui leur servira toute leur vie.

Par exemple, on peut choisir de dire à un enfant : « Tu n'as pas intérêt à te bagarrer à l'école aujourd'hui ! » ou alors : « J'aimerais que tu passes un bon moment à l'école aujourd'hui, et que tu ne joues qu'avec les enfants que tu aimes bien. »

Pourquoi une nuance aussi mince ferait-elle la différence ? La réponse se trouve dans le fonctionnement du cerveau humain. Si l'on vous offrait un million d'euros à condition de ne pas penser pendant une minute entière à un... singe bleu, vous en seriez bien incapables... Essayez donc, si vous ne me croyez pas ! Quand on dit à un enfant : « Ne tombe pas de l'arbre », il pense à deux choses : « Ne le fais pas » et « tomber d'un arbre ». Notre imagination met en scène ce à quoi nous pensons (imaginez-vous mordant à pleines dents dans un citron, et observez votre réaction). Un enfant qui produit une image mentale très vive de sa chute d'un arbre risque fort de tomber ! Il vaut mille fois mieux se servir de paroles positives : « Trouve un endroit bien solide pour poser ton pied ! »

Chaque jour, nous avons des dizaines d'occasions de réajuster notre tir. Plutôt que de dire : « Ne traverse pas en courant ! », il est plus facile, et mieux, de dire : « Reste sur le trottoir, près de moi », pour que l'enfant imagine ce qu'il DOIT faire, et non ce qu'il NE DOIT PAS faire.

Donnez des instructions claires à l'enfant sur la bonne manière de s'y prendre. Les enfants ne savent pas toujours où est leur sécurité, vos injonctions doivent donc être précises : « Lucie, tiens-toi aux deux bords du bateau avec les mains » est bien plus efficace que « Attention de ne pas passer par-dessus bord ! » ou, pis encore : « Tu m'imagines, moi, ta pauvre maman, si jamais tu te noies ? » Un changement mineur, une différence énorme.

La parole positive aide vos enfants à penser et à agir de manière positive, à se sentir à la hauteur de tout un éventail de situations. Ils imaginent alors le succès, et leur propre discours intérieur les conduit à la réussite. Vos paroles d'encouragement les accompagneront toute leur vie.

On n'imagine pas le nombre d'occasions qui permettent de programmer son enfant de manière positive.

Pour lui apprendre la discipline :

Tu es bien trop intelligent pour te comporter comme ça. Et si tu arrêtais et que tu trouvais une meilleure manière de partager les cerises ?

Tu es trop grand et trop raisonnable pour laisser ta petite sœur t'énerver comme ça. Comment pourrais-tu t'organiser pour que vous arriviez à mieux vivre ensemble ?

Quand il lui arrive des misères :

Tu sais, c'est vraiment dur de se faire des amis le premier jour. Tu es une chouette copine, et les enfants de ta nou-

velle école vont très vite t'aimer quand ils te connaîtront un petit peu mieux.

Je sais que tu es très futé, et que tu vas pouvoir te débrouiller avec ces maths si tu trouves quelqu'un pour t'aider un petit peu.

Ton corps se bat comme un chef contre la maladie. Tu n'as qu'à te reposer un peu et tu iras très vite beaucoup mieux.

À l'occasion :

Tu débordes d'énergie ! Est-ce que tu pourrais ralentir un peu pour moi ?

Tu as été très gentil avec ces petits enfants, ils t'ont vraiment adoré.

Tu es drôlement créative ! J'aime vraiment beaucoup ce que tu fais.

Tu es chouette, habillé comme ça ! Tu deviens rudement beau !

Tu chantes drôlement bien. Tu as une très jolie voix.

Comme c'est bien, tu n'as cassé qu'un côté du pichet !

Et aussi : n'utilisez pas les compliments à la manière d'un rouleau compresseur, pour aplanir les doutes ou les craintes d'un enfant. Écoutez-le vraiment. N'en faites pas trop ! Choisissez le bon moment, et soyez sincère. Si vous ne le pensez pas, ne faites pas semblant.

POURQUOI LES PARENTS RABAISSENT-ILS LEURS ENFANTS ?

Parvenus à cet endroit du livre, vous pourriez vous sentir coupable de la façon dont vous parlez à vos propres enfants. Surtout pas ! Il n'est pas trop tard pour changer.

Il y a plein de choses que l'on peut faire pour corriger une programmation ancienne, que vos enfants soient encore petits ou qu'ils soient aujourd'hui des adultes.

La première étape est de commencer à se comprendre soi-même, de savoir comment les remarques « rabaissantes » sont devenues d'emblée une partie de votre attitude parentale. Presque tous les parents emploient de temps à autre, sans nécessité, des paroles qui rabaissent leurs enfants. Il y a trois raisons essentielles à cela.

1. Vous répétez ce qu'on vous a dit

On n'apprend pas à devenir parent à l'école. Mais tout le monde part d'un modèle évident : ses propres parents.

Je suis sûr qu'il vous est arrivé, à un moment de crise, de crier sur vos enfants et de vous rendre compte tout d'un coup que : « Aïe, c'est exactement ce que mes parents me disaient, et j'avais horreur de ça ! » Ces « enregistrements anciens » sont notre « pilote automatique », et il faut beaucoup de présence d'esprit pour s'interrompre et dire autre chose.

Bien entendu, certains parents tombent dans l'excès inverse. Remplis de souvenirs pénibles de la manière dont on les a élevés, ils se jurent de ne jamais gronder, frapper, priver leurs propres enfants. Là, le danger consiste à en faire trop : leurs enfants peuvent souffrir d'un manque de contrôle. Pas facile, n'est-ce pas ?

2. Vous pensiez tout simplement que c'était ce qu'il fallait faire !

Autrefois, on pensait que l'enfant était un être foncièrement mauvais et que la meilleure chose à faire, c'était de lui répéter combien il était mauvais. La honte l'aiderait à devenir meilleur !

On vous a peut-être élevé de cette façon. En tant que parent, vous n'avez pas réfléchi à la façon dont se forge l'estime de soi et au besoin qu'a l'enfant qu'on l'aide à prendre confiance en lui. Si c'est le cas, j'espère que ce que vous êtes en train de lire vous fait changer d'avis. Maintenant que vous vous rendez compte des dommages que causent les paroles « rabaissantes », je suis sûr que vous cesserez de les utiliser.

3. Vous êtes « à cran »

Quand l'argent manque, que vous êtes surmené, que vous souffrez de solitude ou d'ennui, vous avez bien plus de risques de vous montrer destructeur envers vos enfants par vos paroles.

Il y a des raisons à cela. Quand nous subissons des pressions, quelles qu'en soient les causes, notre corps accumule une tension qui a besoin de se décharger. La vérité, c'est que cela fait du bien de se défouler sur quelqu'un, en paroles ou en actes.

Nos enfants en font souvent les frais parce qu'il est plus facile de se fâcher contre eux que contre son conjoint, son patron, son propriétaire ou qui que ce soit d'autre. C'est très important de bien y réfléchir : « Je me sens si tendu(e) ! Contre *qui* suis-je vraiment en colère ? »

Le soulagement qui survient après le défoulement est de courte durée, car l'enfant risque de se comporter encore plus mal ; mais sur le moment, on le ressent comme une délivrance.

Si cela se produit, il faut absolument que vous trouviez un autre moyen de « lâcher la vapeur ».

On peut relâcher sa tension de deux façons :

1. Par des gestes vigoureux : frapper un matelas, se lancer dans un travail très physique, sortir faire une marche rapide. C'est loin d'être anodin : de nombreuses vies d'enfants ont été sauvées parce qu'on les a mis dans leur chambre pendant que le parent à

bout de nerfs faisait le tour du pâté de maisons pour se calmer.

2. En évacuant le stress : parler à un(e) ami(e), chercher l'affection d'une compagne ou d'un compagnon si vous avez la chance d'en avoir un(e), ou au travers d'activités comme le yoga, le sport ou le massage, qui réduisent la tension et permettent au corps de se relaxer profondément.

Au bout du compte, en tant que maman ou papa, vous devez apprendre à prendre soin de vous autant que de vos enfants. Vous en faites beaucoup plus pour vos enfants en prenant du temps pour vous tous les jours (remise en forme, relaxation), plutôt qu'en étant à leur service 24 heures sur 24. (Ce thème est développé au chapitre 8.)

Voilà, j'en ai fini avec les mauvaises nouvelles. La suite de ce livre explique « comment faire » de la façon la plus simple. Changer, c'est possible, et beaucoup de parents m'ont dit que le simple fait de découvrir ces conseils à la radio ou au cours d'une réunion les avait immédiatement aidés.

Déjà, en lisant ces premières pages, vos idées ont changé. Vous allez voir : sans même fournir d'effort, votre comportement avec vos enfants va devenir plus détendu, plus positif. Je m'en porte garant !

TU ME TOURNES EN BOURRIQUE

Vous êtes-vous déjà entendu en train de parler à vos enfants ? Pathétique, non ? Soyons honnêtes, on dit beaucoup de choses absurdes aux enfants !

« M'man, est-ce que je peux aller au cinéma ? – Au cinéma ! Je t'en donnerai, du cinéma ! »

« Je peux avoir une tartine ? – Une tartine ! C'est une tarte que je vais te donner ! »

La plupart d'entre nous se souviennent avoir entendu, enfants, des paroles qui n'avaient pour eux aucun sens, des expressions comme : « Tu peux numéroter tes abattis… Je vais te faire passer le goût des bonbons… Où tu les as mises, tes cellules grises ? Je vais t'apprendre à te payer ma tête ! » etc. Ce n'est pas étonnant si certains d'entre nous sont un peu perturbés à l'âge adulte.

Il n'y a pas longtemps, je me trouvais dans une école où des parents avaient amené leurs tout-petits se joindre à un nouveau groupe de jeu. Avant le début de la séance, un petit garçon plein de vie et de curiosité a commencé à attraper du matériel sur une étagère. Sa mère, qui avait l'air éreinté, lui a dit : « Si tu touches à ça, la maîtresse va te couper les doigts ! » Nous pouvons tous comprendre ce qui l'a motivée à dire ce genre de chose : quand rien d'autre ne marche, essayer la terreur ! Mais si ce genre de message revient systématiquement, quelle image du monde l'enfant peut-il avoir ? De deux choses l'une : soit le monde est fou et dangereux, soit cela ne vaut pas la peine d'écouter maman, elle dit n'importe quoi. Quel départ dans la vie !

Un jour (c'est vrai, je le confesse), j'ai dit à mon fils de deux ans que la police se fâcherait contre lui s'il ne mettait pas sa ceinture de sécurité. Il faisait très chaud, j'étais fatigué, et j'ai horreur de plier mon mètre quatre-vingts à l'arrière des voitures pour boucler les ceintures de gosses récalcitrants. J'ai eu recours à un stratagème véreux : je l'ai payé. À peine avais-je lâché ces mots que je les regrettais. Pendant des jours, le petit m'a criblé de questions : « Est-ce que les policiers ont des pistolets ? », « Est-ce que la police est dans cette rue ? » Il m'a fallu faire un gros travail de remise au point pour qu'il se détende et retrouve sa sérénité face aux uniformes.

On n'est pas obligé de toujours tout expliquer à ses enfants, ni de raisonner avec eux jusqu'à épuisement. « Parce que je le dis » peut parfois être une raison suffisante. Mais on n'a rien à gagner, jamais, à leur faire peur : « Tu vas voir, quand ton père va rentrer ! », « Tu me rends folle, je vais finir par partir… », « On va te mettre dans une maison… », voilà le genre de messages qui blessent et obsèdent les enfants, même les plus résistants. Dans leurs premières années, nous sommes leur principale source d'information ; plus tard, notre crédibilité est remise en cause, parce qu'ils trouvent des éléments de comparaison. Notre mission est de leur donner une vision réaliste, voire légèrement embellie, du monde ; ils pourront la consolider en grandissant, devenant ainsi intrépides et confiants. Quand, plus tard, ils auront affaire à la tricherie et à la malhonnêteté, au moins sauront-ils que les choses ne se passent pas toujours comme ça, qu'il y a des gens dignes de confiance qu'on peut fréquenter en toute sécurité, entre autres papa et maman.

2

CE QUE VEULENT
VRAIMENT LES ENFANTS

*C'est moins cher que les jeux vidéo,
et plus sain que les bonbons !*

La première question que se posent tous les jours des millions de parents tient en un seul mot : POURQUOI ?

Pourquoi les enfants font-ils des bêtises ? Pourquoi faut-il toujours qu'ils explorent les endroits interdits ? Pourquoi font-ils tout ce qu'ils ne devraient pas faire : se bagarrer, agacer les gens, désobéir, provoquer, tout discuter, tout salir et, de manière générale, donner l'impression qu'ils veulent persécuter papa et maman ?

Pourquoi a-t-on l'impression que certains enfants aiment avoir des ennuis ?

Ce chapitre explique ce qui se passe dans la tête des enfants « pénibles » ; comment leur comportement résulte, en fait, du dérapage de pulsions saines et positives.

Après l'avoir lu, vous saisirez mieux les raisons des comportements négatifs des enfants. Vous saurez comment les prévenir et les détourner vers des conduites plus satisfaisantes.

Vous ne me croyez pas ? Lisez la suite !

Les enfants font des bêtises pour une seule raison : ils ont *des besoins auxquels on n'a pas répondu.* « Mais », me direz-vous, « quels sont les besoins de mes enfants qui sont restés insatisfaits ? Je les nourris, je les habille, je leur achète des jouets, ils sont au chaud, ils sont propres… »

C'est qu'il existe d'autres besoins, qui ne coûtent pas cher à satisfaire, heureusement, et qui vont plus loin que les « besoins de base » mentionnés ci-dessus. Ces mystérieux besoins sont essentiels pour le bonheur des enfants, et même pour leur survie. Cette histoire vous fera mieux comprendre :

En 1945, la Seconde Guerre mondiale s'achève. L'Europe est en ruine. Au nombre des problèmes humains auxquels il faut faire face, il y a celui des milliers d'enfants qui ont perdu leurs parents ou ont été séparés d'eux par la guerre.

Les Suisses, qui se sont maintenus à l'écart du conflit, envoient leurs services médicaux pour aider à résoudre certains de ces problèmes. Un médecin a notamment pour mission de trouver la meilleure formule d'accueil des bébés orphelins.

Il voyage un peu partout en Europe et observe de nombreuses structures d'accueil afin de déceler la meilleure. Il voit des situations très différentes. Par endroits, les Américains ont dressé des hôpitaux de campagne ; les bébés sont bien bordés dans des berceaux en inox, dans des conditions d'hygiène irréprochables ; toutes les quatre heures, des infirmières en blouse blanche impeccable leur administrent un biberon de lait maternisé.

À l'autre bout de l'échelle, dans un village de montagne reculé, arrive un camion. Le chauffeur demande :

« *Vous pouvez vous occuper de ces mômes ?* » *et laisse une demi-douzaine de bébés en pleurs aux bons soins des habitants. Là, parmi les gamins, les chiens et les chèvres, dans les bras des femmes du village, les petits boivent du lait de chèvre et partagent la soupe commune.*

Pour comparer les différentes formes d'accueil, le médecin suisse a un moyen facile à sa disposition. Inutile de peser les bébés, moins encore de contrôler leur coordination, leur capacité à sourire ou à entrer en contact visuel. En ces temps de grippe et de dysenterie, il utilise la statistique la plus simple : le taux de mortalité.

Sa conclusion est plutôt surprenante... Alors que les épidémies ravagent l'Europe, que beaucoup de gens meurent, les enfants des villages rustiques s'en sortent mieux que ceux suivis scientifiquement dans les hôpitaux !

Le médecin a découvert quelque chose que la sagesse populaire sait depuis la nuit des temps. Il a découvert que les bébés ont besoin d'*amour* pour vivre.

Les enfants de l'hôpital de campagne bénéficiaient de tout, sauf d'affection et de stimulation. Les bébés des villages avaient pour eux caresses, mouvements et distractions, et le spectacle de la vie, à satiété. Si on leur prodiguait les soins élémentaires, ils se portaient à merveille.

Bien sûr, le médecin n'a pas utilisé le mot « amour » (ce genre de mot dérange les scientifiques), mais ce qu'il rapporte le définit assez clairement. Ce qui importe, note-t-il, c'est :

1. le contact fréquent peau contre peau avec deux ou trois personnes « privilégiées » ;

2. du mouvement, doux mais vigoureux, par exemple être porté ici et là, balancé sur le genou, etc. ;
3. des échanges de regards, des sourires, un environnement coloré et vivant ;
4. des sons comme les chansons, la parole, les « gouzi-gouzi », etc.

C'est une découverte importante. Elle est scientifiquement établie pour la première fois. Les bébés ont besoin d'affection et de contacts humains, pas seulement d'être nourris, lavés, tenus au chaud. Si on ne leur fournit pas ces ingrédients humains, ils peuvent très bien mourir.

Va pour le bébé. Mais qu'en est-il de l'enfant plus âgé ?

Voici quelque chose d'intéressant : c'est une courbe que j'ai tracée, dans laquelle j'évalue la dose de contacts (je veux dire : de contacts physiques) qu'un individu reçoit au fur et à mesure qu'il avance dans la vie.

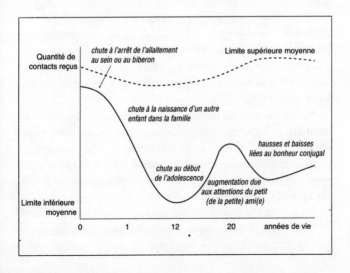

Attention, il s'agit là d'un cas « moyen ». Qui pourrait affirmer ce que serait l'idéal ? Sans doute une droite horizontale en haut du tableau ? Peut-être êtes-vous intrigués par la baisse importante qui survient vers deux-trois ans. C'est souvent l'âge où le bébé numéro deux (ou trois) entre en scène, et où l'on doit partager l'affection, une rude période pour toute la famille !

Les bébés adorent être touchés et câlinés. Les petits enfants aussi, mais ils sont plus regardants au sujet de la personne qui les cajole. Les adolescents sont embarrassés par les câlins, mais admettent, quand ils sont en confiance, qu'ils apprécient l'affection comme tout un chacun. Et bien sûr, vers la fin de l'adolescence, ils recherchent avec une belle énergie des formes plus particulières d'affection…

Une fois, j'ai demandé à un public d'une soixantaine de gens de fermer les yeux, et de lever la main s'ils pensaient recevoir dans la vie de tous les jours moins d'affection qu'ils n'en désiraient. La réponse a été unanime. Toutes les mains se sont levées. Au bout d'une minute, les regards en coin ont commencé et, avec eux, les rires. De cette expérience scientifique très sophistiquée, je conclus que les adultes, eux aussi, ont besoin d'affection !

Mais nous avons des moyens autres que le contact physique de recevoir d'autrui des sentiments positifs. Le plus évident est la parole.

Nous avons tous besoin d'être reconnus, remarqués et, plus encore, de recevoir des compliments sincères. Nous voulons prendre part aux conversations, que notre opinion soit prise en compte et, même, qu'on nous admire.

Un petit de trois ans l'exprime sans détour : « Regardez-moi ! »

La plupart des gens riches ne tirent que peu de plaisir de leur compte en banque si son montant n'est pas divulgué et que personne n'y prête attention.

Souvent, il m'arrive de rire en mon for intérieur lorsque je pense que l'essentiel du monde adulte se compose de « grands » de trois ans, qui courent partout en criant « Regarde moi, papa ! », « Hep, les gars, regardez ce que je fais ! » Sauf moi, bien entendu : il va de soi que je donne des conférences et que j'écris des livres uniquement pour remplir ma mission d'adulte responsable !

Avec tout cela, on peut tracer un état des lieux intéressant. Nous répondons aux besoins physiques de nos enfants, mais si nous nous en tenons là, il leur manquera encore quelque chose. Ils ont des besoins psychologiques aussi, simples certes, mais fondamentaux. L'enfant a besoin d'être « humainement » stimulé ; le planter devant la télévision ne suffit pas. Pour être heureux, il doit être soumis à un régime quotidien de paroles, avec en plus une bonne dose d'affection et de compliments. Donnés avec générosité, pas en rechignant derrière un journal ou une pile de linge à repasser : cela ne prend vraiment que peu de temps !

Beaucoup de mes lecteurs ont des enfants plus grands ou des adolescents. Peut-être pensent-ils : « Mais ils ont déjà de mauvaises façons d'attirer l'attention. Comment faire alors ? »

Voici une autre petite histoire :

« *Des souris et des hommes* »

Il y a quelques années, les psychologues circulaient en blouse blanche et travaillaient surtout avec des rats (aujourd'hui, ils portent une veste en tweed et travaillaient surtout avec des jeunes femmes : notre horizon s'illumine !). Les « psychologues aux rats » ont pu apprendre beaucoup de choses sur le comportement parce qu'ils pouvaient faire avec les rats ce qu'ils ne pouvaient pas faire avec des enfants. Poursuivez, vous allez comprendre ce que je veux dire.

Au cours d'une expérience, on plaçait des rats dans une cage spéciale, avec de la nourriture et de l'eau, et une petite manette. Les rats mangeaient, buvaient, couraient partout. Au bout d'un moment, ils finissaient par se poser la même question que vous en ce moment : « C'est pour quoi faire, cette petite manette ? » Ils appuyaient dessus (comme des enfants, ils voulaient tout essayer) et, à leur grande surprise, une petite fenêtre s'ouvrait dans la cage, révélant un film que l'on projetait sur le mur de la pièce. Mickey Mouse, peut-être ? Je ne sais pas, mais ce que je sais, c'est que la petite fenêtre se fermait vite et que le rat devait appuyer à nouveau sur la manette pour voir la suite du film.

Les rats déployaient des trésors d'énergie à presser la manette pour visionner le film, ce qui nous conduit au **principe numéro un** *: les êtres intelligents, comme les rats (et les enfants), aiment avoir quelque chose d'intéressant à faire. Cela aide leur cerveau à se développer. Ensuite, les chercheurs mettaient les rats dans une autre cage, avec de quoi boire et manger, mais sans petite manette, et sans fenêtre. Les rats se montraient satisfaits pendant un petit moment, mais après, ils commençaient à faire des bêtises ! Ils rongeaient les murs, se battaient entre eux, se grattaient jusqu'à la pelade et, de manière générale, se comportaient en « mauvais rats ». Ce qui me conduit au* **principe numéro deux** *: les créatures intelligentes, comme les rats (et les enfants), feront n'importe quoi pour éviter de s'ennuyer, y compris des choses qu'on pourrait qualifier de bêtes ou de destructrices.*

Alors les chercheurs devenaient carrément méchants. Ils testaient une autre cage, avec de quoi boire et manger, mais dont le sol était traversé de petits fils métalliques reliés à une pile électrique. De temps à autre, ils envoyaient du courant dans les fils, assez pour donner une bonne secousse aux petites bêtes sans les blesser (on comprend maintenant pourquoi ils ne prenaient pas des enfants pour l'expérience).

Enfin, arrivait le moment le plus attendu. On sortait les rats des cages, et on les laissait choisir la cage dans laquelle ils pouvaient retourner. Le lecteur a peut-être sa petite idée sur le premier, le second et le troisième choix des rats ? Revoyons les options :

1. cage avec eau, nourriture et cinéma ;

2. cage avec eau et nourriture ;

3. cage avec eau, nourriture et décharges électriques.

*Vous avez deviné ? Oui, les rats ont préféré, et de loin, le cinéma. Si vous n'avez pas deviné… retour à la page une du livre ! Mais c'est le deuxième choix qui se révèle être le plus intéressant : les rats ont ensuite préféré la cage aux électrochocs à celle où il n'y avait que de l'eau et de la nourriture. Ce qui nous conduit au **principe numéro trois**, principe majeur s'il en est pour ce qui concerne les enfants : les créatures intelligentes, comme les rats (et les enfants), préfèrent qu'il leur arrive des ennuis plutôt qu'il ne leur arrive rien du tout.*

Pour dire les choses autrement, toute stimulation ou excitation est préférable à aucune, même si l'expérience est un peu douloureuse.

Pour en revenir à l'enfant, s'il doit opter entre ne pas être remarqué du tout ou être réprimandé, voire recevoir une claque, que pensez-vous qu'il préfère ? Que choisissent vos enfants ? Bien entendu, si on peut leur fournir de l'attention positive au moins une ou deux fois par jour, ils seront moins tentés par ces options.

Pour clore ce chapitre, j'ai une dernière histoire pour vous, cette fois à propos d'enfants. Comme vous êtes plus intelligent que les enfants et les rats, vous n'aurez pas besoin d'explications.

Un jeune couple dans le vent avait deux garçons de neuf et onze ans.

Les garçons avaient à leur disposition une salle de jeux au sous-sol de la maison, avec une table de billard, un réfrigérateur rempli de boissons sans alcool, un tourne-disques (à cette époque, les consoles de jeux vidéo n'avaient pas encore été inventées, sinon ils en auraient eu une aussi), etc. Mais les parents constatè-rent que, en dépit de ces aménagements, ils passaient leur vie à se bagarrer. Les parents en étaient même gênés pour inviter des amis à dîner. Ils finirent par emmener les garçons dans une clinique du comporte-ment pour demander l'aide de psychologues. Ces der-niers dirent aux parents : « À vrai dire, notre rayon c'est plutôt les rats, mais nous voulons bien venir jeter un coup d'œil. » Rendez-vous fut pris. Les parents trouvaient bien le projet un peu étrange, mais ils tenaient beaucoup à résoudre ce problème qui gênait considérablement leur vie sociale.

Venus en équipe, les psychologues s'installèrent un peu partout dans la maison avec des bloc-notes et des chro-nomètres. Ce soir-là, un cocktail avait lieu, donc une partie des chercheurs restèrent à l'étage, où se trou-vaient les adultes, l'autre au sous-sol avec les garçons, où ils s'assirent en silence, prenant scrupuleusement des notes.

Autour de 19 h, les observateurs à l'étage notent que la mère jette un coup d'œil vers le sous-sol, puis lance un regard à son mari. Au même instant, les observateurs du bas notent que les garçons, qui ont fini de jouer avec leurs différents jeux, commencent à se bagarrer. Mais la bagarre est d'un genre assez inhabituel : elle fait penser à un combat arrangé, voire à une sorte de chorégraphie. En revanche, les bruitages ont tout de la vraie bagarre !

Les observateurs du sous-sol voient alors surgir le père en haut de l'escalier ; comme les psychologues lui ont dit de se comporter comme d'habitude (pas facile), il se met à gronder ses garçons en leur reprochant leur comportement gênant. Les psychologues grattent fébrilement sur leurs blocs-notes : ils ont remarqué quelque chose de tout à fait singulier, quelque chose qu'ils n'ont jamais vu avec leurs rats. Les garçons écoutent leur père crier ; ils semblent raisonnablement penauds, mise à part une curieuse torsion de la bouche, expression devenue célèbre chez les psychologues qui l'ont même baptisée « sourire de la Joconde ».

Aujourd'hui, les psychologues pour enfants ont pris conscience que ce demi-sourire est un message caché signifiant : « Ben, je devrais avoir honte, et j'essaie au maximum d'avoir l'air de regretter tout ça, mais finalement, la situation me plaît plutôt. » Les parents n'ont jamais vraiment appréhendé le phénomène, mais réagissent néanmoins avec cette phrase souvent entendue : « Et arrête de sourire comme ça quand je te parle ! »

Pendant ce temps-là, dans notre sous-sol, les garçons obtiennent plus d'attention de leur papa qu'ils n'en ont reçu pendant toute la journée et doivent franchement lutter pour ne pas afficher leur plaisir.

Les psychologues sont repartis dans leur laboratoire. Ils ont rédigé un rapport détaillé et ont rencontré les parents, pour leur dire ce que vous avez sans doute déjà deviné : « Vous êtes trop accaparés par votre vie sociale. Les garçons ont besoin de plus d'attention. Ils aiment leur papa, parce que les garçons de cet âge veulent apprendre comment on devient un homme. Ils ont trouvé le seul comportement qui puisse faire intervenir leur papa : se bagarrer. »

Les psychologues avaient raison, mais ils n'avaient pas très bien compris les parents, qui leur ont répondu : « Quelle sottise ! Comment les enfants pourraient-ils apprécier qu'on les gronde ? » Vous comprenez, ces parents ne connaissaient rien aux rats ni aux électrochocs, ni au sourire de la Joconde.

Ils ont emmené leurs garçons chez un psychiatre qui, pendant deux ans, a analysé leurs rêves. Puis il a laissé tomber. Il les a emmenés avec lui jouer au golf, ce qui, évidemment, les a guéris !

On résumera ainsi ces dernières pages :

Les enfants font des bêtises parce qu'ils s'ennuient.

Pouvez-vous leur trouver une chose à faire qui les stimule : aller au parc avec un ballon, inviter leurs amis, les inscrire à une activité en groupe, emprunter des jouets à la ludothèque, mettre en place une caisse pleine de bric et de broc pour encourager leur créativité, de manière à ce qu'ils ne se sentent pas « encagés », ni vous ?

Les enfants font des bêtises parce qu'ils se sentent indésirables.

Pouvez-vous passer un peu de temps chaque jour à leur donner votre attention entière, positive, ainsi que du contact physique ? Et êtes-vous suffisamment détendu et heureux vous-même pour *leur* donner un sentiment de sécurité ?

Les enfants font des bêtises pour qu'on les remarque.

Apprenez à repérer le sourire de la Joconde. C'est le signe que l'enfant a besoin d'attention quand il fait quelque chose de *bien*.

LA PAROLE ALIMENTE
LE CERVEAU DES ENFANTS...

Parvenus à l'âge scolaire, certains enfants parlent remarquablement bien et disposent d'un large éventail de vocabulaire. D'autres, en revanche, ont des compétences verbales très limitées. Cela peut devenir un vrai handicap, ne serait-ce que parce que les enseignants se basent souvent sur les compétences verbales pour déterminer l'intelligence et les aptitudes. Vos enfants pourraient bien se voir qualifier de « lents », délibérément ou inconsciemment.

Comment aider son enfant à être performant en matière de langage ? Pourquoi ces différences ?

Dès les années 1950, on a découvert que les parents se répartissent en deux catégories distinctes pour ce qui concerne leur façon de parler à leurs enfants. Certaines personnes, quand elles s'adressent aux enfants, ont des paroles très brèves, abruptes : « Grégory, ferme cette putain de porte ! », « Viens ici ! », « Mange ! », ainsi de suite. D'autres sont à l'opposé : « Antoine trésor, pourrais-tu s'il te plaît fermer la porte ? Sébastien *(le bébé)* est en plein courant d'air. Merci, mon chou. »

Pas besoin d'être grand clerc pour deviner que le jeune Antoine va emmagasiner plus de mots dans son crâne que le petit Grégory, ainsi que plus de manières de les relier entre eux (on pourra rétorquer que Grégory aura sans doute dans son répertoire des mots inconnus d'Antoine !).

Aujourd'hui, la plupart des parents parlent à leurs enfants en leur expliquant les choses, en bavardant pour le simple plaisir. Même les bébés aiment qu'on leur fasse la conversation, et les tout-petits comprennent beaucoup plus de choses qu'ils ne le laissent paraître.

Voyons les étapes essentielles :

1. PENDANT LA GROSSESSE : émettre de nombreux sons autour du bébé et en s'adressant à lui. Vous pouvez com-

mencer par chanter ou chantonner quand cela vous... chante, et mettre de la musique (même fort, pas de problème !). Le papa pourra se blottir près du bébé et lui parler : ainsi, votre enfant apprend à connaître la voix mâle et à se sentir en confiance avec elle ; consoler votre tout-petit sera plus facile ensuite. La répétition et l'accoutumance sont utiles également ; on a découvert que la musique du générique de *Sunset Beach* calmait les nourrissons dont les mamans avaient suivi la série à la télévision lorsqu'elles étaient enceintes.

2. AVEC LE BÉBÉ, après la naissance, maintenir tout cet environnement de paroles, de chansons et de musique. Faire bouger le bébé, le balancer augmentera son plaisir, mais aussi son sens du rythme, un des éléments essentiels du discours. (Au moyen de films spéciaux passés en accéléré, on a démontré que nous effectuons tous, lorsque nous parlons, une sorte de danse avec des balancements subtils, et qu'il est pratiquement impossible de rester immobile tout en discutant.) Si vous pouvez garder le bébé sur vous dans un porte-bébé pendant que vous vaquez à vos occupations, c'est encore mieux. Au cours de la journée, avec le tout-petit, racontez-lui ce que vous êtes en train de faire en utilisant des mots simples, mais pas uniquement du « langage bébé ». Répétez les mots qu'il utilise, pour l'aider à peaufiner sa prononciation.

3. QUAND LE TOUT-PETIT COMMENCE À S'EXPRIMER davantage, on peut l'aider en reprenant en écho ce qu'il vient de dire et en le complétant. Tout en l'encourageant, ce type de réponse l'aide à bien trouver ses mots.

« Bah ! » – « Tu veux du beurre ? » – « Veux bah ! »
puis, un peu plus tard :
« Doh bahr ? » – « Tu veux que je te donne du beurre ? » – « Donne beurre ! » et ainsi de suite.
Cela doit être fait avec naturel, comme un jeu, sans pression ni attente excessive.

Récemment, une émission de télévision montrait des entretiens avec des enfants « surdoués » ou « phénomènes ». Elle nous a laissé un sentiment mitigé. Ces enfants étaient, sans conteste, extrêmement performants, mais certains étaient devenus, à l'âge adulte, des personnages plus qu'étranges ! Cependant, une famille sortait du lot : ses enfants rayonnaient de naturel et d'équilibre. Les quatre filles, de huit à seize ans, étaient toutes sympathiques, détendues, les pieds sur terre tout en étant remarquablement en avance. Par exemple, celle de seize ans avait tout simplement « sauté » le primaire, sur les conseils de l'instituteur[1] (sinon ses parents l'auraient laissée suivre le cursus normal sans problème). Au moment de l'émission, elle préparait un doctorat sur les lésions des cellules de la moelle épinière. Quand on a demandé à ses parents comment ils s'y étaient pris pour élever des enfants aussi géniaux, le père a répondu : « Ça ne peut pas être génétique. La banque du sperme aurait déjà frappé à ma porte ! » C'est vrai qu'il avait une allure, euh… enfin… ordinaire. La mère a ajouté : « C'est juste qu'on leur explique… » Elle a précisé que pendant qu'elle passait l'aspirateur, par exemple, elle racontait au bébé (qu'elle portait dans son dos) ce qu'elle était en train de faire, que le bruit venait du moteur à l'intérieur de l'aspirateur, un moteur électrique qui tournait très vite, que l'air faisait beaucoup de bruit en passant au travers, etc.

On imagine sa façon d'expliquer, avec naturel et bonne humeur, pas dans le genre institutrice sèche faisant la leçon, mais plutôt « Dis donc, c'est intéressant, ça ! ». Si parfois vous trouvez ennuyeux d'être en voiture ou de faire les courses en compagnie d'un petit enfant, essayez ce genre de bavardage, cela rendra les choses plus amusantes pour vous deux.

Dans mon foyer, nous nous posons la question suivante : comment empêcher une petite fille de quatre ans de PARLER TOUT LE TEMPS ? Mais bon, si elle le fait bien !

---

1. Nous sommes en Australie, le système scolaire y est plus souple qu'en France (N.d.t.).

LE « PATERNAGE » :
FAIRE DES CHOSES ENSEMBLE

Quand notre fils était petit, nous habitions sur une petite route de campagne paisible, à 500 mètres de la poste et de l'épicerie. Le matin, quand il faisait beau, aller chercher le courrier était une balade agréable, dix minutes aller-retour. Mais pas avec un petit de deux ans ! Les « deux ans » ne pensent pas comme les adultes : ils ne savent pas ce que signifie « objectif à long terme ». Ils ne « respectent pas le programme ». Tout au contraire. Chaque pas sur la route faisait l'objet d'une âpre négociation. « Veux jouer dans l'eau verte ! »

Un jour, par amour de la science, j'ai tenté une expérience. J'ai purement et simplement abandonné la lutte et laissé le petit explorer le long de la route chaque bouche d'égout, chaque fossé, chaque ver de terre écrasé, chaque flaque d'eau, chaque caillou qui le tentait (si les influences précoces déterminent la profession future, mon fils fera une grande carrière dans les eaux usées). J'écourte le récit (qui n'en finirait pas) : cela nous a pris deux heures et demie. Au bout d'un moment, j'ai même commencé à trouver ça sympa !

De tout ce qu'on sait sur les familles, une chose est sûre, c'est que les enfants, et tout particulièrement les garçons, tirent un grand profit des moments passés en compagnie de leur père. Pendant ces moments-là, il se passe des choses différentes, complémentaires de ce qui se passe avec la mère. Et, dans la majorité des cas, être avec son père signifie « faire quelque chose ensemble ». Cela n'a rien à voir avec les séries comme *Sept à la Maison*. Dans cette famille, les personnages s'assoient en face les uns des autres et entament un « dialogue à cœur ouvert ». Ça se passe peut-être comme ça aux États-Unis (tous mes vœux les accompagnent) mais en Australie, les gens se tétanisent si on les assoit face à face comme ça. Parmi les nombreux adultes que j'ai interrogés, ceux qui s'entendaient bien avec leur papa dialoguaient bien un peu avec lui, mais ces échanges étaient soigneusement masqués par des activités en commun. La confiance – et la confidence – s'installent petit à petit, tandis qu'en apparence on charge le bois, on répare la voiture ou on rassemble les moutons[1].

Vous noterez que certaines de ces activités sont spécifiquement rurales. La ville ne se prête pas aussi bien aux activités en commun, en tout cas pas à des activités aussi énergiques. Après tout, on ne sort la poubelle qu'une fois par jour ! Il semblerait que les parents des villes, du moins ceux avec lesquels j'ai discuté, se rapprochent de leurs enfants quand ils font le taxi : du sport à la danse, en passant par le piano. C'est souvent le moment qu'ils choisissent pour leur demander comment ça va et les laisser s'exprimer. Le bémol, c'est qu'ils doivent adapter le dialogue au temps de trajet.

Il est vital pour le père de faire des choses avec ses enfants. Cela permet tout simplement de créer une proximité. La conversation dérive vers des sujets plus profonds. Des choses surgissent sans qu'on y prenne garde. Un père détendu peut vraiment orienter la vie de ses enfants, bien plus qu'en laissant faire la télé ou les copains.

Quelques règles simples pour partager une activité avec ses enfants :

1. LAISSEZ TOMBER L'ESPOIR DE TERMINER QUOI QUE CE SOIT ! Surtout avec un petit enfant, l'objectif cesse d'être l'objectif (comme aller à la poste…). Par exemple, si vous lui apprenez à se servir d'un tournevis, la porte ne risque pas d'être fixée avant un bon moment. Alors, n'y pensez plus. Le petit finira par aller se promener ailleurs, et vous pourrez rattraper le temps perdu.

2. AVEC LES ENFANTS, NE CHOISISSEZ QUE DES ACTIVITÉS PENDANT LESQUELLES VOUS RESTEREZ SEREIN. S'ils vous donnent un coup de main pour repiquer les semis de prin-

---

1. Sport typiquement australien (N.d.t.).

temps, votre jardin ne sera pas impeccable. C'est à vous de choisir : être avec vos enfants ou accomplir une tâche selon vos critères de qualité habituels. Si vous essayez de faire les deux, vous allez vivre une certaine frustration. Acceptez de ne balayer *qu'une partie* des feuilles, l'essentiel étant de vous amuser ensemble. Comme cela, « faire le jardin avec papa » sera pour eux une activité sympathique, et dix ans plus tard ils se porteront volontaires pour tondre la pelouse !

3. PROFITEZ DE VOTRE TEMPS DE « PATERNAGE », IL NE DURE PAS ! J'avais la trentaine quand mon fils est né, par conséquent je suis bien conscient que le temps de « parentage » est trop court. Si mon fils vient à passer quand je suis en train de bricoler, je valorise le contact avec lui. J'ai plaisir à voir ce que je peux lui apprendre, ici et maintenant. Mais pas quand je suis sur mon ordinateur !

Je conclurai en disant qu'en tant que père, vous devez définir, à chaque instant, ce qui importe vraiment pour vous. Parfois ce seront les enfants, parfois non. Le « plus » des enfants : ils vous font ralentir. Et quand on ralentit, on trouve le temps de redécouvrir de menus plaisirs. C'est le cadeau qu'ils vous font. Avec les enfants, on ne perd jamais son temps.

3
GUÉRIR PAR L'ÉCOUTE

*Comment aider les enfants à vivre
dans un monde sans pitié*

Ça ne va pas ! Quelque chose s'est mal passé pour votre
enfant à l'école, avec un autre enfant ou avec un adulte, et
vous ne savez pas comment l'aider. Vous aimeriez qu'il
trouve un moyen de gérer cette difficulté pour devenir
peu à peu moins vulnérable. Dans ce chapitre, nous allons
vous montrer comment l'aider.

Le monde est parfois injuste et difficile à vivre pour nos
enfants. Si grand qu'en soit notre désir, à nous, parents,
nous ne pouvons pas ôter tous les cailloux du chemin.
D'ailleurs, nous ne devrions même pas chercher à le faire,
car c'est par la confrontation avec des personnes et des
situations désagréables que nos enfants deviennent des
adultes matures et indépendants.

Dans un premier temps, nous allons voir ce qu'il faut
éviter de dire aux enfants quand la vie les malmène : le
genre d'affirmation qui dresse un mur entre eux et vous.
Puis vous allez apprendre l'art de « l'écoute active ». Tes-

tée et approuvée par de nombreux parents, c'est la manière la plus positive d'aider les enfants à affronter la vie.

Puisque nous sommes leur « refuge », les enfants nous exposent souvent leurs problèmes pour voir si nous pouvons les aider. La façon dont nous réagissons à ces appels à l'aide peut soit faire monter d'un cran leur niveau de confiance, soit élever une barrière qu'il sera difficile ensuite de démonter. Trois réactions sont fréquentes, qui contribuent toutes à dresser ces barrières :

La prise en charge
« Oh, mon pauvre chéri.
Ne bouge pas, je vais te débrouiller ça. »

Le sermon
« C'est stupide de ta part de t'être mis dans cette situation ! Bon, je vais t'expliquer ce qu'il faut faire. Écoute-moi bien… »

Le changement de sujet
« Ah bon… ça ne fait rien, va. Tu viens jouer dehors ? »

Laquelle des trois est votre style ? Vous accourez à leur secours, prodiguez de sages conseils, détournez le sujet ?
Observons de plus près chacune de ces attitudes.

La prise en charge

« Tu as passé une bonne journée ? »
« Non ! »
« Oh, mon pauvre chéri. Viens me raconter tout ça. »
« On a eu le nouveau prof de maths. J'ai pas pu suivre. »
« Mais c'est horrible ! Veux-tu que je t'aide à faire tes devoirs après dîner ? »
« J'ai pas pris les devoirs. »
« Je pourrais peut-être téléphoner au collège demain et en parler au principal ? »

« Euh… J'sais pas… »

« Je crois qu'il vaut mieux régler le problème tout de suite avant que ça ne devienne plus grave, hein ? »

« Ben… euh… »

« Tu as droit à une éducation correcte. »

« Mmmm… »

Le sermon

« Tu as passé une bonne journée ? »

« Non ! »

« Oh ! Tu es culotté de te plaindre ! J'adorerais pouvoir passer ma journée à apprendre, tranquille et sans souci ! »

« Ben, on a un souci, justement. On a eu le nouveau prof de maths, il est débile… »

« Je t'interdis de parler de tes professeurs sur ce ton ! Si tu écoutais un peu plus, tu aurais moins d'ennuis, mon garçon. Tu voudrais toujours qu'on t'apporte tout sur un plateau ! »

« Mmmm… »

Le changement de sujet

« Tu as passé une bonne journée ? »

« Non ! »

« Oh, allez, ça n'a pas été si terrible, si ? Tu veux un choco ? »

« Merci… Je suis embêté avec les maths… »

« Oui, bon. T'es pas Einstein, mais tu sais, ton papa et ta maman non plus ! Tiens, allume la télé et ne t'en fais pas, va… »

« Mmmm… »

Vous remarquerez que dans les trois exemples il se passe la même chose : c'est le parent qui parle tout le temps ! La conversation s'arrête assez vite ; l'enfant ne parvient pas à discuter du véritable problème ; ses sentiments se perdent en route. Le parent « résout » la difficulté ou pense qu'il l'a fait. L'enfant s'exprime de moins en moins.

Voyons maintenant une autre approche :

L'écoute active

« Tu as passé une bonne journée ? »

« Non ! »

« Ça n'a pas l'air d'aller, dis donc. Qu'est-ce qui t'est arrivé ? »

« Ben, on a eu le nouveau prof de maths. Il va trop vite ! »

« Tu as peur de ne pas arriver à suivre ? »

« Oui. Je lui ai demandé d'expliquer un truc et il m'a juste dit que je devais faire plus attention. »

« Mmm… Et quel effet ça t'a fait ? »

« J'étais furax… Les autres se sont moqués de moi… Pourtant, eux aussi, ils ont du mal ! »

« Tu es fâché d'avoir des ennuis parce que tu es le premier à avoir soulevé le problème ? »

« Ouais, je déteste me faire remarquer devant tout le monde ! »

« À ton avis, qu'est-ce que tu vas pouvoir faire ? »

« Je ne sais pas. Je suppose que je pourrais lui demander encore de m'expliquer, mais à la fin du cours. »

« Tu crois que ça marcherait mieux ? »

« Oui, je me sentirais plus à l'aise. Je crois que, lui aussi, il est un peu nerveux. C'est peut-être pour ça qu'il va si vite. »

« Tu arrives à voir les choses de son côté à lui ? »

« Ouais, je crois. En fait, on le rend un peu nerveux. »

« Ça ne m'étonne pas, faire cours à des jeunes futés comme toi ! »

« Ben ouais ! »

C'est ça, l'écoute active. Dans ce cas, le parent n'est pas muet : il s'intéresse, et il le montre en confirmant le « ressenti » et l'opinion de son enfant, en l'aidant à réfléchir à une solution. En privilégiant cette approche :

• le parent ne fournit que rarement une solution et ne cherche pas à venir au secours (« je vais appeler le collège ») sauf si c'est clairement nécessaire ;
• il ne donne pas de conseil (« tu devrais demander de l'aide »), à moins que l'enfant n'ait vraiment besoin d'information ;
• il ne détourne pas l'enfant de son problème (« tiens, prends un choco »), à moins que l'enfant ne soit du genre à se plaindre en permanence.

L'art de l'écoute active ne se pratique pas sans préparation. En Australie, on l'enseigne dans des cours d'« entraînement à l'efficacité parentale ». On peut aussi consulter l'ouvrage *Parents efficaces* du Dr Thomas Gordon (voir *Bibliographie*, p. 154).

De nombreux parents ont trouvé que l'écoute active leur était d'un grand secours. Ils ne se sentent pas dans l'obligation de rendre leur enfant heureux 24 heures sur 24, ni de résoudre ses difficultés à sa place. Grâce à l'écoute active, ils peuvent aider leur enfant tout en lui laissant la responsabilité – et le plaisir – de trouver lui-même la solution. Un bon truc consiste à se poser la question : « Est-ce que mon enfant peut tirer bénéfice à long terme d'avoir résolu son problème lui-même ? » Vous, vous pouvez lui offrir du temps, des éclaircissements et votre compréhension pour que le problème se transforme en expérience formatrice.

Parfois, les parents se doivent d'intervenir, comme le montre l'histoire suivante.

Un de mes amis a un garçon de neuf ans. Un jour, il s'est cassé la jambe et on l'a plâtré pour quelques semaines. Quand on a enlevé le plâtre, il est resté quelque temps un peu flageolant sur ses jambes. À l'école, le professeur d'éducation physique a fait faire un tour de stade à sa classe, et le fils de mon ami est arrivé dernier, ce qui l'a beaucoup gêné parce que d'habitude, c'est un bon coureur. Sans attendre d'explication, le professeur lui a fait refaire un tour de stade, mais cette fois en caleçon, devant le reste de la classe !

Le garçon est rentré en larmes à la maison. Quand ses parents ont appris ce qui s'était passé, ils ont été tellement furieux qu'ils ont demandé à voir le principal le soir même et ont exigé que le professeur soit renvoyé. Ce dernier a effectivement été muté dans un autre collège, où l'on espère que la même chose ne se reproduira pas.

Voilà un cas dans lequel les parents ont le devoir de s'impliquer et de défendre les droits de leur enfant, parce que celui-ci n'a pas les moyens de le faire lui-même. Mais dans certains cas, les enfants NE VEULENT PAS notre aide, seulement notre soutien. S'impliquer serait alors une erreur…

« Écouter, écouter seulement » est un puissant remède. Si nous résistons à l'envie de poser tout de suite un pansement sur chaque « blessure », nous pouvons entrer en contact avec le monde intérieur de notre enfant.

Manon, six ans, est de mauvaise humeur. En fait, depuis plusieurs semaines, elle ne tourne pas très rond. Elle s'accroche plus souvent avec son petit frère. Elle a commencé à ne plus vouloir aller à l'école le matin. Sa maman décide d'utiliser « l'écoute active » pour éclaircir le problème. Elle dit à Manon : « Tu as l'air triste. Est-ce que tu veux m'en parler ? » Manon vient vers elle et s'assoit sur ses genoux, mais ne dit pas grand-chose.
Le lendemain, les parents sont obligés d'empêcher Manon de frapper son petit frère, et la mettent quelques minutes dans sa chambre pour qu'elle se calme. Plus tard dans la

soirée, le papa commente : « On dirait que tu es plutôt fâchée en ce moment. »

Manon jette un regard aigu à sa mère et éclate en sanglots. « Ils m'appellent Quasimodo ! » Les dix minutes suivantes se passent entre colère et larmes ; la maman résiste à l'envie de lui changer les idées ou de lui remonter le moral. C'est vrai, Manon a sur le visage une cicatrice, qu'il est prévu d'opérer un jour, mais pour l'instant, il faut qu'elle vive avec.

Une fois exprimée une partie du ressenti négatif qu'elle a accumulé en provenance des autres enfants, Manon retrouve une certaine sérénité. « Je ne suis pas un monstre, hein, maman ? » « Mais non ! Tu es formidable ! »

Parfois, les enfants veulent que vous interveniez. Dans ce cas, il faut les amener à vous le demander clairement.

Jonathan, quatorze ans, traîne dans la cuisine, l'air bizarre. Au bout d'un moment, très gêné, il confie à sa maman qu'une fille plus âgée lui a proposé de passer une nuit dans un motel avec elle. Sa mère doit résister fortement à l'envie de lui crier qu'il n'a pas l'âge. À la place, elle dit : « Houlà ! Qu'est-ce que tu crois que tu vas faire ? J'ai l'impression que tu ne sais pas très bien – Ben, j'sais pas, M'man. Toi, tu me défendrais d'y aller, hein ? »

La maman de Jonathan s'est alors empressée de le lui interdire. Jonathan s'est senti très soulagé : il avait sauvé la face, à l'école et devant la fille. Plus tard, la mère de Jonathan m'a dit qu'elle aurait voulu tout de suite lui interdire d'y aller, mais qu'elle voulait aussi qu'il prenne lui-même sa décision. Courageux de sa part !

4
L'ENFANT ET LES ÉMOTIONS
Que se passe-t-il vraiment ?

Sans doute est-ce le moment, arrivé à ce stade de l'ouvrage, de vous avouer quelque chose : le titre de ce livre, *Le secret des enfants heureux*, est un peu idéaliste !

Dans le monde adulte, personne n'est jamais heureux en continu, ni d'ailleurs ne le souhaiterait. Se donner ce but pour nos enfants serait une erreur. Si vous essayez de rendre vos enfants heureux en permanence, vous allez en fait les rendre – et vous avec – franchement malheureux ! Ce que nous désirons vraiment, ce sont des enfants capables de faire face aux nombreuses émotions qu'apporte la vie, et d'avancer... La joie reste l'objectif, mais pour y parvenir, il faut vivre dans le confort physique et moral et faire l'expérience de toutes les émotions que suscite la vie.

Jusqu'à récemment, il manquait à notre culture une bonne compréhension de ce qu'est l'émotion. Nous sortons tout juste de l'époque du : « les grands garçons ne pleurent pas » et : « les jeunes filles bien ne se mettent pas en colère ». La compréhension du mécanisme des émotions est essentielle. Heureusement, nous disposons aujourd'hui de données qui peuvent nous orienter et aider nos enfants à trouver la paix et la vitalité intérieures, ingrédients d'une bonne santé émotionnelle.

QU'ENTEND-ON PAR ÉMOTIONS ?

Les émotions sont des ensembles de sensations corporelles, que nous ressentons dans des circonstances spécifiques. Elles varient en intensité, du subtil à l'explosion. Elles nous accompagnent en permanence, surgissent et se mêlent lorsque nous gérons chaque épisode de notre vie… *À tout instant, nous ressentons quelque chose* : l'émotion est un des symptômes de la vie !

On distingue quatre types d'émotions de base : la colère, la peur, la tristesse, la joie. Elles vont composer, à des degrés divers, toute la gamme des émotions, tout comme les couleurs primaires (le rouge, le jaune, le bleu) sont à l'origine de toute la palette. Il existe des milliers de combinaisons possibles : la jalousie, par exemple, est un mélange de colère et de peur ; la nostalgie, une combinaison de joie et de tristesse ! Quels animaux fascinants nous sommes !

Quand nos enfants sont nouveau-nés, leurs émotions commencent à peine à prendre forme. Des parents attentifs peuvent observer comment leur nourrisson développe, durant les premiers mois, des expressions bien distinctes en fonction de son ressenti : le cri de peur, les larmes de tristesse, le rouge de la fureur et les gazouillis de joie.

Les tout-petits n'ont pas d'inhibition, ils *expriment* naturellement et facilement leurs émotions. Il en résulte que leurs émotions négatives s'estompent vite. Mais l'enfant en grandissant doit *apprendre* à gérer ses émotions sur le plan social et à trouver des débouchés constructifs à la puissante énergie qu'elles font naître. L'enfant dépend de nous, ses parents, pour cet apprentissage ; heureusement, comme nous allons le voir, le message n'est pas trop difficile à faire passer.

Comprendre les émotions – pourquoi nous en avons, comment mieux les exprimer, ce qu'il faut éviter : voilà la clef d'une vie plus épanouie avec nos enfants.

POURQUOI LES ÉMOTIONS ?

Parfois, on souhaiterait presque ne plus ressentir d'émotions. Surtout les négatives, colère ou tristesse, qui créent tant de souffrance. Pourquoi donc la nature nous a-t-elle équipés d'humeurs aussi chargées négativement ? Chacune, vous verrez, a son rôle à jouer.

Commençons par la colère. Imaginez un individu qui pour une raison ou une autre ne ressent jamais de colère. Qui a été élevé sans éprouver le moindre mécontentement. Un jour, il se trouve sur le parking d'un supermarché. Arrive une voiture, qui s'arrête… sur son pied ! Une personne programmée pour tout accepter resterait simplement à attendre que le conducteur finisse ses courses…

La *colère* est ce qui nous permet de nous défendre. Dépourvus de cette émotion, nous serions des carpettes, des larbins, des esclaves ! La colère correspond à notre instinct de préservation et de liberté.

La *peur* a aussi une valeur évidente. Pour quelle autre raison conduirions-nous du bon côté de la route ? La peur nous empêche de prendre de gros risques. Si nous pensons qu'elle ne sert à rien, souvenons-nous des fois où nous nous sommes trouvés dans la voiture d'un conducteur qui n'avait peur de rien. La peur nous freine, nous oblige à nous arrêter, à réfléchir et à éviter le danger, même quand notre cerveau conscient n'a pas encore pris la mesure du risque effectif.

La *tristesse* est l'émotion qui nous aide à faire nos deuils. Ses vagues nous libèrent de la détresse d'avoir perdu quelqu'un ou quelque chose. Les modifications chimiques qui l'accompagnent aident le cerveau à relâcher la souffrance pour pouvoir repartir vers une nouvelle vie. Ce n'est qu'en vivant sa tristesse qu'on peut « lâcher prise » et ainsi reprendre contact avec les gens et la vie.

On voit donc que, bien gérées,

La colère . . . . nous maintient en liberté
La peur . . . . nous maintient en sécurité
La tristesse . . . . . . nous maintient en contact avec
les autres et avec le monde.

Ces trois états sont essentiels à notre bonheur. La quatrième émotion, la *joie,* est ce que nous ressentons lorsque ces conditions (liberté, sécurité et contacts) sont remplies.

APPRENDRE AUX ENFANTS À GÉRER LEUR COLÈRE

Vous pouvez apprendre à vos enfants à comprendre et à gérer chacune des trois émotions « négatives ». Commençons par la colère.

Le premier réflexe qu'ont les enfants lorsqu'ils sont en colère est de frapper. Ce geste a sa logique naturelle, mais il faut l'adapter quelque peu si l'on souhaite faire son chemin dans la vie.

Chaque fois que nous intervenons auprès de notre enfant, l'objectif doit être de l'aider à apprendre ce qui va fonctionner et lui servir en tant qu'adulte. Réfléchissons un peu : quelle est la meilleure façon pour un adulte de gérer sa propre colère ? Il s'agit de trouver un équilibre.

ÉVALUEZ LES « APTITUDES ÉMOTIONNELLES » DE VOTRE ENFANT

Nom de l'enfant...

Son rang dans la famille....................................

Capacité à exprimer la colère

| 0 aucune | 1 uniquement par des crises, des gestes, un comporte-ment agres-sifs | 2 capacité à exprimer en mots, d'une voix forte, en toute sécu-rité, qu'il est en colère | ☐ |

Capacité à exprimer la tristesse

| 0 aucune | 1 uniquement par la colère ou la boude-rie | 2 capacité à exprimer en mots qu'il est triste, à pleu-rer, à recher-cher le câlin | ☐ |

Capacité à exprimer la peur

| 0 aucune | 1 uniquement en frappant, en attaquant ou en se dérobant | 2 capacité à exprimer ses peurs, à en discuter | ☐ |

Capacité à exprimer la joie

0 aucune	1 uniquement par un comportement « bêta », étourdi ou agité	2 capacité à dire sa joie, à danser et chanter, à faire des câlins et à rire	☐

Si vous le désirez, vous pouvez faire la somme des chiffres pour obtenir un résultat (sur 8) des aptitudes émotionnelles de votre enfant. À 6 ou moins, vous avez du pain sur la planche !

Si vous repérez ses difficultés, vous pourrez l'encourager en l'aidant à dire ce qu'il ressent au fond de lui et pourquoi. Un tout-petit pourra faire un dessin. Il pourra désigner, parmi des représentations de visages, celui qui illustre son ressenti. Cela demande beaucoup de douceur, beaucoup d'attention. Peut-être pouvez-vous travailler à l'expression de vos sentiments et lui montrer, vous-même, comment être franc et expressif sur le plan émotionnel ; avec modération bien sûr.

S'il se fait maltraiter d'une façon ou d'une autre, l'individu doit être capable de l'exprimer d'une voix forte, avec conviction, suffisamment tôt avant d'utiliser la violence et de passer à l'acte. Colère et violence sont deux choses différentes. La violence, c'est de la colère qui a mal tourné.

L'adulte apprend à modérer sa colère pour qu'elle ait un impact, certes, mais en évitant de faire des dégâts ou d'insulter les gens. Si votre enfant n'est pas assez coléreux, il sera peut-être pris pour une chiffe molle et les autres enfants le bousculeront ou se serviront de lui. Trop de colère, en revanche, le rendra impopulaire ou fera de lui une petite brute. Trouver le bon équilibre, voilà ce que nos enfants doivent apprendre. Cela prend plusieurs années d'entraînement et commence dès les premiers pas.

Pour aider l'enfant à assumer sa colère

1. Insistez pour qu'il exprime sa colère par des mots et non par des gestes. Il faut qu'il dise à voix haute qu'il est en colère, et qu'il dise si possible pourquoi.
2. Aidez-le à faire le lien entre le sentiment et sa cause. Discutez avec lui pour repérer ce qui est à l'origine de sa colère. Un jeune enfant a parfois besoin d'aide pour retrouver ce qui s'est (mal) passé. « Tu es fâché contre Thomas parce qu'il t'a pris ton camion ? », « Tu en as eu assez d'attendre que j'aie fini de bavarder ? » Bientôt, il sera capable de vous dire ce qui ne lui a pas plu et pourquoi, au lieu de se jeter dans l'action impulsive.
3. Montrez-lui que son émotion a été entendue et acceptée (mais ne changera pas forcément le cours des choses). « Tu as le droit d'être fâché contre moi. Je ne t'écoutais pas. Je t'écoute maintenant », ou encore : « Je sais que tu es fatigué d'attendre dans ce magasin. Moi aussi ! Mais c'est comme ça. Qu'est-ce

que tu pourrais faire pour te sentir mieux au lieu d'asticoter ton frère ? »

4. Apprenez-lui sur-le-champ que frapper n'est pas une solution acceptable pour gérer sa colère. Agissez immédiatement. Donnez une suite négative au moindre coup donné, et insistez pour que l'enfant fasse ce qu'il aurait dû faire en premier lieu : SE SERVIR DES MOTS.

5. Aidez l'enfant à exprimer ce qu'il VEUT vraiment. Souvent, il commence à geindre et à se plaindre au sujet de ce qu'il ne veut pas. Il a besoin de votre aide pour devenir plus positif…
   « Il me tape – Dis-lui très fort de ne pas faire ça. »
   « Marie a pris mon vélo – Va lui demander de te le rendre maintenant. Dis-lui qu'il est à toi et que tu le veux. »

6. Montrez-lui l'exemple. Au bout du compte, il y a plus de chances qu'il finisse par faire ce que vous FAITES que ce que vous DITES. Soyez donc attentif à bien vous exposer en modèle, tel que vous le souhaitez pour lui. Quand VOUS êtes en colère, exprimez-le haut et fort. Fâchez-vous et haussez le ton très tôt, avant de vous échauffer VRAIMENT. Une fois que c'est réglé, lâchez la pression. L'enfant apprendra que la colère peut s'exprimer et disparaître dans la foulée. Exprimez-vous souvent, avec aisance et simplicité : « Je suis en colère ! », « Tu ne me laisses pas respirer ! », « Arrête de m'interrompre ! » « Ça m'ennuie que tu ne respectes pas notre accord ! Qu'est-ce qui se passe ? »

Les enfants apprennent beaucoup mieux à gérer leur colère auprès d'un parent qui s'exprime (avec modération) qu'auprès d'un adulte toujours doux, prudent et réservé.

Les enfants ont besoin de voir que les parents aussi sont humains.

On peut se mettre très en colère contre les enfants sans pour autant les insulter ou les rabaisser. Il suffit de s'en tenir à l'expression directe des sentiments et de leur cause. Les enfants mettent un certain temps à trouver la bonne expression de leur colère. Estimez-vous heureux si le vôtre montre quelques signes de retenue, si vous le voyez se retenir de frapper un autre enfant ou s'il exprime d'une voix forte : « Je suis en colère ! » Comme beaucoup d'adultes ne sont pas encore eux-mêmes au point, vous êtes en très bonne voie !

APPRENDRE AUX ENFANTS À GÉRER LEUR TRISTESSE

La tristesse a toujours été bien comprise par le bon sens populaire : ça fait du bien de pleurer un bon coup quand les choses vont trop mal. L'époque victorienne coincée est venue combattre cette notion, en prônant des idées comme « il faut serrer les dents », « se comporter en homme » ou « être fort ». Les enfants ont eux aussi l'idée préconçue que certains pleurent trop, et que c'est assez suspect. D'ailleurs, il y a des noms pour cela : ce sont des lavettes.

Pourtant, pleurer est parfois aussi naturel et nécessaire que respirer. Au lieu de rendre fort, ne pas pleurer peut rendre crispé : on a alors tendance à vivre dans le passé, on a du mal à être touché par le présent et on craint les émotions d'autrui ou tout ce qui peut être associé à la mort ou à la perte. Si vous savez pleurer et exprimer votre tristesse, vous êtes sûr de pouvoir faire face à tout.

Les scientifiques ont découvert que lorsqu'une personne pleure, son corps produit une molécule de la famille des endorphines qui bloque les récepteurs de la douleur, apportant une forme d'anesthésie confortante dans les pires moments de détresse. On trouve même cette molécule dans les larmes. Elle est proche de la morphine et elle est aussi puissante.

Pour aider l'enfant à assumer sa tristesse

Tant que nous apportons soutien et compréhension, la tristesse peut suivre son cours. Il suffit simplement d'être présent et de rester calme en se tenant assis ou debout à côté de l'enfant qui pleure. Parfois, il voudra se serrer contre nous et être pris dans les bras, parfois il voudra rester à distance.

Si vous pensez que c'est nécessaire, vous pouvez lui donner une sorte d'autorisation : « On a le droit de pleurer », « C'est tellement triste pour Grand-Père », « Moi aussi, je suis malheureux ». Si l'enfant est dans le malaise ou la confusion, on peut donner un peu d'explications : « Thierry était un bon copain, je comprends que tu sois triste pour lui. »

Un jour, chez un ami, nous avons regardé une vidéo très émouvante. Le film venait de se terminer et nous étions tous en train de ruminer notre tristesse avec délices, à commencer par notre hôtesse qui, elle, sanglotait bruyamment. Son petit garçon de trois ans est apparu à la porte en pyjama. Il est allé vers elle et a posé avec tendresse sa main sur la sienne en disant : « C'est bien, il faut que ça sorte ! »

APPRENDRE AUX ENFANTS À GÉRER LEUR PEUR

Nous avons tous besoin de la peur. C'est vital : nos enfants doivent absolument apprendre à s'arrêter pour ne pas courir au-devant du danger. Nous avons besoin aussi de les savoir capables, sur le chemin de l'école, de courir ou de sauter rapidement pour éviter de se faire heurter par une voiture trop rapide ou un vélo qui sortirait de sa route. Et dans notre environnement urbain, il est indispensable aussi qu'ils se méfient de l'étranger trop gentil, ou de l'individu au comportement bizarre.

D'un autre côté, avoir trop peur est un sérieux handicap. L'enfant doit aussi être capable de parler aux adultes, de prendre la parole à l'école, de faire entendre ses besoins et de participer à la vie sociale. Il est nécessaire qu'il voie le monde comme un endroit relativement sécurisé s'il en respecte le mode d'emploi. On aimerait qu'il soit assez courageux pour tenter des choses nouvelles : un autre sport, de nouveaux amis, sa propre créativité, etc.

La peur a deux raisons d'être. Elle provoque la concentration. Imaginons quelqu'un qui se balade sur une piste du *bush* australien. Soudain, un serpent se dresse devant lui : rêverie et insouciance s'évanouissent illico. La peur va lui donner de l'énergie. Il courra plus vite et sautera par-dessus des troncs d'arbres plus hauts qu'il n'aurait pu l'imaginer.

Face à la peur, les enfants doivent apprendre à faire une chose : RÉFLÉCHIR. Pour gérer nos peurs, nous faisons appel à notre cerveau : il s'agit d'y programmer la bonne réaction. À une époque où mon travail exigeait que je me déplace souvent, je me suis rendu compte que j'étais de plus en plus mal à l'aise en avion. Je ne me sentais pas en sécurité, ballotté tout là-haut, à travers les nuages, voyant les ailes bouger… J'ai dû réactualiser mes données : aucun avion de ligne australien ne s'est jamais écrasé, l'avion est bien plus sûr que la voiture ; à chaque instant, dans le monde entier, des milliers d'avions sont en l'air et ça se passe bien. Ça a marché. Avec les enfants, j'utilise exactement la même approche.

Quatre « trucs » élémentaires pour gérer les peurs :

1. **Restez terre à terre.** À 3-4 ans, le petit réfléchit un peu plus au vaste monde qui l'entoure et il en résulte toutes sortes d'inquiétudes. Certains ouvrages appellent même cette étape « l'angoisse des quatre ans ». Parlez-en avec lui, avec patience et naturel. Faites confiance à son intuition : parfois, son inquiétude au sujet de certains lieux ou de certaines personnes peut être fondée. La peur est une sorte de radar qui a déjà rendu de nombreux services à l'humanité.

2. **Discutez de ses peurs.** Si la peur de l'enfant est légitime (même si la cause est assez éloignée), expliquez le peu de probabilités que cela arrive. Mais pensez à établir un plan d'action en essayant de découvrir avec l'enfant ce qu'il pourrait faire pour se sentir à nouveau en sécurité.

3. **Si la peur est déraisonnée, dites-le-lui.** Ne cherchez pas le dragon sous son lit, à moins que vous n'habitiez Komodo ou ce genre d'endroit.

4. **Les peurs secrètes.** S'il a très souvent peur, faites appel à vos qualités d'écoute et cherchez à savoir si quelque chose d'autre le dérange, dont il aurait du mal à vous parler. Parfois, une peur en cache une autre plus difficile à confier.

En Australie, à cause des différents types de dangers qui menacent nos enfants, surtout dans l'anonymat des grandes villes, on a mis en place dans de nombreuses écoles un programme d'apprentissage de l'autoprotection[1]. Ce programme apprend aux enfants comment et où rechercher de l'aide si quelque chose leur arrive. Malheureusement, un des dangers les plus courants qui menace

---

1. Protective Behaviours Training.

l'enfant est l'agression sexuelle, en général de la part d'une personne de sa propre famille.

Le programme leur apprend deux règles : « Il n'existe rien de si mauvais qu'on ne puisse en parler à quelqu'un » et « Tu as le droit de te sentir en sécurité tout le temps » (si seulement cela pouvait être vrai dans le monde entier !) Le programme évite soigneusement d'informer les tout-petits sur le détail des abus sexuels. Ceux qui les vivent ne sont malheureusement que trop bien informés, les autres n'ont pas vraiment besoin de tout savoir. Le programme ne teste pas, n'identifie pas les individus au sein de la classe. Mais il apprend à chaque enfant comment repérer les personnes sur lesquelles il peut s'appuyer. Ainsi, ceux qui sont en danger, ou pourraient le devenir, savent clairement comment trouver de l'aide. Dans les mois qui ont suivi la mise en place du programme, on a constaté une nette augmentation des témoignages sur des abus sexuels vérifiables. Mais on a aussi constaté que, quand on faisait une bonne publicité au programme, la fréquence des abus sexuels chutait, probablement parce que les adultes agresseurs prenaient conscience du risque d'être découverts.

Un des points forts de ce programme est qu'il aborde un grand nombre de risques quotidiens. Par exemple, trouver porte close et personne chez soi quand on rentre à la maison ; ou se tromper d'autobus. Il est remarquablement équilibré, contrairement à certains programmes qui se contentent de faire peur aux petits, mais ne les informent pas, ou à d'autres qui les laissent dans l'ignorance et vulnérables. Le programme d'autoprotection est une manière d'enseigner aux enfants des savoir-faire sécuritaires. Il serait intéressant de demander à votre école ce qui se fait en la matière.

Donc, les enfants ont besoin (toutes proportions gardées) de ressentir la peur pour se protéger. Inutile de les surcharger de nos angoisses d'adultes : c'est à nous qu'il revient de les prendre en charge. Mais nous devons leur apprendre à réfléchir face aux situations de peur. Une bonne manière est de « programmer » avec eux : « Qu'est-ce que tu ferais si… » en réponse à leurs questions ou en fonction des dangers auxquels on souhaite les préparer.

LA COMÉDIE : QUAND L'ÉMOTION PREND LE DESSUS

Nous sentons tous intuitivement la différence entre une émotion authentique et un sentiment feint. Quand certains enfants montrent telle ou telle émotion, ils obtiennent parfois une réaction tellement satisfaisante qu'ils apprennent à afficher ce sentiment chaque fois qu'ils souhaitent produire l'effet désiré. Chaque couple de parents réagit sur un mode réflexe quand on fait appel aux émotions avec lesquelles il se sent le plus en phase. L'enfant repère ainsi l'émotion qui sera la plus « payante » pour lui.

On peut appeler les émotions ainsi « mises en scène » par un enfant « émotions de comédie » (nous avons recherché une appellation plus sympathique que chantage).

La comédie de la **colère**, c'est la crise de *rage*.
La comédie de la **tristesse**, c'est la *bouderie*.
La comédie de la **peur**, c'est la *timidité*.

Ces trois « comédies » englobent certains des plus grands défis auxquels ont à faire face les parents de jeunes enfants. Voyons comment aborder chacune d'entre elles…

DÉJOUER LES CRISES DE RAGE

La crise de rage, ça s'apprend, souvent par hasard. L'enfant de 18 mois à 2 ans doit apprendre à gérer des frustrations, à être patient, à accepter un refus. La première fois qu'une crise de rage se déclenche, il est littéralement emporté par la puissance de sa propre fureur et se comporte d'une manière incontrôlée que vous découvrez en même temps que lui. C'est parfois si brutal qu'il en est lui-même effrayé : « QU'EST-CE qui m'est arrivé ? » Ensuite, il va pleurer et aura besoin d'être rassuré. Mais dès lors, le tout-petit saura pertinemment ce qu'il fait, et le CONTRÔLERA. « Eh, regardez bien, je hurle aussi fort que je peux. Tiens, ça y est, je me roule par terre. Allez, je bave un petit coup. C'est ça ! »

Pourquoi un tel comportement ? Pour une part, c'est un moyen simple de relâcher la frustration accumulée. Mais le fond de la motivation, c'est l'effet que cela produit sur les grandes personnes : franchement gênées, inquiètes, coincées ! Parfois même elles vous donnent ce que vous réclamez ! Ainsi la crise de rage, comédie de la colère, peut devenir une seconde nature. Voici comment faire face :

1. VOUS NE CÉDEZ PLUS. La priorité pour vous, c'est de vous en tenir à cette décision : plus jamais vous ne céderez à l'enfant parce qu'il a piqué une crise. Vous l'avez peut-être fait dans le passé, pour avoir la paix, mais c'est fini.

2. VOUS GÉREZ L'ASPECT TECHNIQUE. Une fois la crise enclenchée, faites en sorte de passer à travers. Certaines personnes s'éloigneront, sans faire attention à l'enfant (à notre avis, très difficile à faire). D'autres ramassent le petit et le mettent dans sa chambre ou dans la voiture. C'est à vous de voir, en fonction de la situation. Ce qui importe le plus, c'est de préparer l'avenir. Ce qui nous amène à l'étape suivante…

3. VOUS ASSUREZ LE SUIVI. Une fois la crise passée, n'en restez pas là. Faites savoir au petit qu'exprimer sa colère de cette façon ne se fait pas. Ce temps éducatif doit

avoir lieu quand chacun d'entre vous est suffisamment calme, lorsque l'enfant est dans sa chambre, ou tranquille à l'écart, ou lorsque vous rentrez ensemble du supermarché. Alors, seulement, vous vous occupez de la situation : qu'il exprime des regrets, dise ce qui a déclenché sa colère, trouve comment il aurait pu faire autrement. Et peut-être que si la crise a été terrible ou si elle fait partie d'une série, vous lui donnerez une suite concrète : privation d'un jouet, de télévision, etc.

4. VOUS ÉTUDIEZ LE PROGRAMME. Les crises signifient souvent que parent et enfant souffrent tous deux d'un excès de stress. Si vous désirez une vie plus sereine, reconnaissez que certaines situations sont frustrantes pour vous et votre enfant. Faites donc votre possible pour écourter ces moments-là. Organisez-vous pour faire le gros des courses quand vos enfants sont gardés, ou habituez-les, en faisant des courses plus courtes, à être avec vous sans recevoir beaucoup d'attention de votre part. Lorsque vous savez que vous serez occupé et sous pression, arrangez-vous pour qu'ils aient quelque chose d'autre à faire, ou que quelqu'un d'autre soit avec eux, pour une heure ou deux.

Résumons-nous : comment faire face à la crise de rage, bête noire des parents et si fréquente ? Ne laissez jamais une crise devenir « rentable » pour l'enfant. S'il en commence une, ne vous en occupez pas, ou mettez-le en lieu sûr, selon les circonstances. Lorsque c'est fini, tirez les conséquences pour le long terme. C'est le bon moment pour s'assurer qu'ils sauront s'y prendre autrement une prochaine fois pour obtenir ce qu'ils veulent. Intervenez d'emblée quand vous sentez que l'enfant est en train de mijoter une crise. Prenez-le au dépourvu ! Enfin, évitez dans la mesure du possible les situations éprouvantes pour vous et votre enfant.

La crise de rage n'est pas une étape indispensable du développement de l'enfant. La plupart des enfants essaieront, mais si nous y faisons face d'emblée, cela leur passera vite.

LA SÉANCE DE BOUDERIE :
COMMENT L'ARRÊTER ?

C'est tragique ! Il est recroquevillé au fond du fauteuil, au milieu du salon. On ne peut pas le rater. Il ne cache pas sa détresse ! Il pousse de gros soupirs pathétiques. On lui donnerait le César du meilleur acteur pour sa mine désespérée. Impossible de passer outre, donc on demande : « Qu'est-ce qu'il y a ??? » On obtient la réponse type : « Rien. » Et ce n'est que le début.

La bouderie vous met en position d'avoir à prouver quelque chose : vous montrez par votre empressement que cela vous importe ; vous prouvez votre amour en restant autour de l'enfant et en jouant à la devinette : « C'est. quelque chose que tu as mangé ? », « C'est quelque chose qu'on t'a dit ? », « Tu es sûr que ça va à l'école ? », « Ça ne va pas trop ? » – « Non, mmm… »

Au bout du compte, il vous autorise à lui manifester plus d'attention, mais ça ne va pas vraiment mieux ; il est juste apaisé pour un temps, nourrissant au fond de lui une blessure existentielle profonde, jusqu'à la prochaine fois ! Vous vous demandez si vous n'êtes pas quelque part un père ou une mère complètement indigne.

Assez ! La bouderie ne fonctionne que si les parents culpabilisent ; et l'enfant apprend vite à exploiter cette culpabilité. Peut-être est-ce parce qu'une nuit, quand il était bébé, vous vous êtes réveillé au radar et lui avez par erreur retiré sa couche propre pour lui en remettre une sale ? Ou que vous l'avez piqué avec une épingle de nourrice, et que maintenant, il est traumatisé ? Quel qu'en soit le motif, c'est du passé, oubliez-le ! Votre culpabilité n'aidera pas votre enfant.

Si nous prodiguons amour et attention à un enfant qui boude, il en retient une équation simple : on obtient de l'amour quand on a l'air malheureux. Si on veut qu'on s'occupe de nous, il suffit de nous écrouler et de peaufiner nos attitudes négatives ; alors les gens nous donneront de l'attention en abondance. L'ennui, c'est que ça devient un mode de vie. Avec la bouderie, on se trace une carrière de pleurnichard !

Je rencontre beaucoup d'enfants et d'adultes qui boudent. Autrefois, j'aurais investi beaucoup d'énergie pour les faire changer d'humeur, leur faire plaisir, les faire sortir de leur misère. J'étais « prêt pour ma BA » (même si, au fond de moi, la fatigue et la colère montaient). Aujourd'hui, je suis bien plus efficace, je change la donne. Si un enfant boude près de moi, je lui dis : « Tu es quelqu'un d'important pour moi. J'aimerais t'aider. Réfléchis à ce que tu veux vraiment. Tu me trouveras dans la cuisine. » Et je le laisse. En général, il vient vers moi et s'exprime plus directement ; alors je l'aide volontiers. En l'absence de témoins, la bouderie, ça devient ennuyeux !

Cinq mots d'ordre pour une campagne anti-bouderie :

1. Chaque individu, enfant comme adulte, sait réellement ce qu'il veut. Il a juste besoin d'y réfléchir jusqu'à ce qu'il ait les idées claires.
2. Les enfants peuvent très bien apprendre à demander ce qu'ils veulent, directement, avec des mots.
3. Les gens ont très peu de besoins véritables : de la nourriture, un abri, de l'air, de l'affection, de l'exercice.
4. Tout le reste relève du désir. Et on n'obtient pas toujours ce qu'on désire.
5. Que vous soyez heureux ou malheureux ne changera pas le monde. Autant être heureux.

LA TIMIDITÉ : UN MYTHE

Vous avez un enfant timide dans votre famille ? Eh bien, quand vous aurez lu la suite, vous aurez peut-être envie de changer tout ça ! Car voyez-vous, la timidité est un mythe. C'est un piège dans lequel tombent les enfants et dont ils ne savent pas comment sortir. La timidité, on peut trouver ça mignon chez un enfant, mais c'est un vrai handicap plus tard dans la vie. Oui, les timides passent à côté de plein de choses.

Comment donc est-ce qu'un enfant devient timide, et comment peut-on l'aider à mieux s'ouvrir au monde ? La timidité est enclenchée par un mélange de hasard et de conditionnement. Il nous arrive à tous, de temps en temps, d'être pris au dépourvu en société, et de rester « coincés ». Cela arrive aussi aux enfants. Un jour, dans un spectacle, j'ai vu un clown s'approcher d'un tout-petit, se pencher vers lui, pour lui faire coucou j'imagine, et le tout-petit était terrorisé ! L'acteur Robin Williams raconte qu'il avait emmené un petit de deux ans à Disneyland. Et là, il a découvert que, du point de vue d'un petit enfant, ce brave vieux Mickey n'était qu'un RAT de deux mètres de haut !

Notre travail de parent consiste à faire passer ce stade à nos enfants. Après tout, les gens que nous leur présentons ne sont normalement ni dangereux ni effrayants : les enfants n'ont pas besoin de se comporter comme s'ils l'étaient.

Voyons les différentes étapes :
1. APPRENEZ À VOS ENFANTS À ÊTRE SOCIABLES. C'est très simple. Quand quelqu'un s'adresse à votre enfant ou lui dit bonjour en votre présence, expliquez-lui qu'il doit :
   • Lever les yeux vers la personne qui lui a parlé ;
   • Dire bonjour et prononcer le nom de la personne.

On peut lui présenter la personne en disant : « Voici Pierre (ou le Dr Martin, ou autre). Dis-lui bonjour ! »

L'enfant lève le nez et dit « Bonjour, Pierre », et le tour est joué ! Restez-en là pour les petits de moins de quatre ans. Ils ne doivent pas être le centre de l'attention plus d'un instant ou deux, sinon ils se sentent obligés de devenir des animaux de cirque. Dire bonjour, regarder les gens en face est un bon début.

2. INSISTEZ POUR QU'ILS LE FASSENT ! Les parents de la petite Agnès, trois ans, la trouvaient très timide. Ils avaient souvent des invités, et Agnès, d'habitude très vivante et bavarde, devenait peureuse, se cachait derrière les jupes de sa mère et, de manière générale, se montrait mal à l'aise en présence de personnes nouvelles. Ce comportement s'étendait même aux rencontres avec d'autres enfants.

Ses parents ont discuté avec nous et se sont entendus sur une attitude. Ils lui ont donné des instructions claires sur comment regarder les gens en face et leur répondre quand ils s'adressent à elle. Bientôt, une amie qui était déjà venue souvent leur rendit visite. Agnès fit la timide au lieu de dire bonjour. Ils lui dirent alors de rester à l'écart, et de réfléchir, jusqu'à ce qu'elle soit prête à la saluer correctement (mettre l'enfant à l'écart pour réfléchir, alternative à la claque et aux cris, est une méthode que beaucoup de parents utilisent aujourd'hui pour l'aider à dépasser ses problèmes). Agnès resta à l'écart un moment, mais fit une colère, et ses parents l'emmenèrent dans sa chambre (pas fâchés que la visiteuse soit une vieille amie et pas une étrangère au regard critique). La première fois, briser une habitude ancrée demande souvent de l'énergie. Une fois Agnès calmée, on l'a ramenée au salon. Elle a annoncé tout de go : « Je suis prête » (elle est peut-être têtue, mais pas bête). Puis elle s'est avancée vers l'amie et lui a dit « Bonjour, Sylvie » ; et elle est partie jouer en courant. Peu après, elle a abordé Sylvie avec aisance, lui a montré un jouet et a bavardé avec elle. Le problème a pratiquement disparu ; chaque fois qu'il est revenu, quelques minutes de réflexion à l'écart ont suffi à le régler. D'une enfant timide, Agnès est devenue une petite fille très ouverte en l'espace de quelques jours.

L'unique raison pour laquelle la timidité s'installe au départ est l'attention excessive que lui prêtent les adultes. Ils trouvent ça si attendrissant, si mignon, et en même temps ils dépensent des trésors d'énergie pour « sortir » l'enfant de cet état. L'enfant en retire beaucoup plus d'attention que si son comportement était simple et ouvert.

Les seuls moments où l'enfant doit avoir peur des gens est quand vous n'êtes pas là, ou quand quelque chose ne tourne pas rond, par exemple si un adulte s'avère être réellement dangereux, ou ivre, ou que l'enfant sait ou devine qu'il est une menace pour lui sur le plan sexuel. Pour commencer, ce genre de personne ne devrait pas se trouver auprès de vos enfants. Soyez vigilant : si vous trouvez que votre enfant réagit fortement, cherchez à en connaître la raison dès que possible.

Finalement, la solution consiste simplement à accepter·le contact avec les gens, se montrer amical, faire un geste vers eux ; après, tout coule de source. En apprenant à votre enfant à dire bonjour, à regarder les gens en face et à se présenter, vous l'aiderez à se faire des amis, il appréciera les gens, et son savoir-faire social se développera. Sa vie sera une belle réussite dans toutes sortes de domaines : vie sociale, école, carrière. Cela vaut la peine de s'en occuper quand ils sont petits.

Certains enfants (et adultes) sont naturellement plus calmes et plus introvertis que d'autres. Ne forcez pas votre enfant à être expansif, simplement assurez-vous qu'il sait se montrer sociable quand c'est nécessaire.

5
LE PARENT SÛR DE LUI
La fermeté, c'est tout de suite !

Quand j'ai commencé à travailler avec des familles, je suis allé de découverte en découverte. Une de mes premières grandes surprises, ce fut de me rendre compte que certains des enfants les plus équilibrés et les plus heureux étaient élevés par des parents qui, à mon sens, se montraient d'une fermeté incroyable ! Le secret était que ces parents, sévères certes, étaient fiables, tellement cohérents que leurs enfants connaissaient exactement les règles et le moyen d'éviter les ennuis. De fait, ils n'étaient que rarement punis.

Mais ce qui ressort de plus important, c'est que ces enfants savaient qu'ils étaient aimés et soutenus sans réserve. Pour eux, le rejet était impensable. Ils pouvaient parfois ressentir de la crainte, mais jamais d'angoisse, jamais de sentiment d'abandon. Bref, un règlement strict, plus de l'affection positive. Et je pense que l'un sans l'autre, ça n'aurait pas marché.

À l'inverse de ces familles « sévères-mais-justes », j'ai rencontré un nombre important d'enfants qui jouissaient de beaucoup de « liberté », se comportaient abominablement sans aucunes représailles, mais se sentaient franchement malheureux. Manifestement, ces enfants cherchaient quelqu'un qui puisse leur tenir la bride, et leurs parents se méprenaient sur leur message. Ils pensaient que l'enfant souhaitait plus d'espace et plus de liberté, mais c'est l'inverse qui était vrai.

L'enfant a besoin de limites. C'est un des secrets que les parents doivent connaître. Quand les travailleurs sociaux placent un enfant dans une famille d'accueil après le démantèlement de son foyer d'origine, ils savent aujourd'hui dire aux parents d'accueil :

> « *Cet enfant s'adaptera peut-être facilement, mais il y a des risques qu'il fasse beaucoup de comédies les trois premiers mois, pour vous tester, vous et votre famille. Pour voir si vous êtes assez solides pour le tenir* ». *Il va vérifier si votre couple, votre équilibre mental, votre affection et votre autorité sont suffisamment fermes. Alors, seulement, il pourra se détendre et recommencer à grandir.*
> *En gros, il veut savoir si cette famille ne va pas se briser comme la première, et il va la tester pour le savoir !* »

La famille d'accueil est l'exemple extrême. Mais tous les enfants sont les mêmes : ils ont besoin de savoir que quelqu'un va les arrêter.

Des études ont montré qu'il existe trois modes de réponse parentale aux comédies de l'enfant : agressif, passif, ferme. Le parent agressif choisit l'attaque, physique ou verbale, pour rabaisser l'enfant. Le parent passif laisse l'enfant lui marcher dessus ; il ne cherche à reprendre le contrôle que quand la goutte d'eau fait déborder le vase, sous la forme d'une explosion inattendue. Le parent ferme est très différent.

Je vais vous les présenter plus en détail.

LE PARENT AGRESSIF

Le parent agressif est presque tout le temps en colère contre son enfant. En général, sa colère n'a rien à voir avec le comportement de l'enfant. Peut-être n'aime-t-il pas son conjoint, son métier, l'humanité tout entière, ou le fait d'être parent sans en avoir envie (l'enfant n'y est pour rien). Il relâche ses tensions en rabaissant son enfant.

Certains enfants gèrent la situation d'une façon très intéressante. Ils comprennent qu'il s'agit là d'une forme d'amour, et raisonnent ainsi :

« Au moins, il s'intéresse assez à moi pour me crier dessus, et s'il crie fort, c'est qu'il doit m'aimer beaucoup ! »

L'enfant peut même hurler en retour (pour retourner le message d'amour). Assez rapidement, la relation parent-enfant s'installe sur le mode du conflit, dans le genre cour de récréation. Parfois, la famille tout entière se joint à la mêlée. Ce qu'un observateur extérieur prend pour une inquiétante bagarre généralisée est en réalité une forme d'intimité qui manquerait à tous les participants si elle n'avait pas lieu !

D'autres enfants, ressentant les humiliations parentales comme des attaques destructrices, se recroquevillent sur eux-mêmes et sont perturbés.

Pour ce qui est de l'autorité, le parent agressif obtient des résultats, basés sur la peur. Mais il récolte aussi la révolte : de nombreux parents brutaux se sont retrouvés un jour face à un adolescent assez grand pour répondre aux coups.

Au bout du compte, le parent agressif se retrouve avec des enfants soit peureux et inhibés, soit rebelles et insolents, ou bien avec un mélange des deux !

LE PARENT PASSIF

Des parents passifs, il y en a plein !

Un jour, j'ai reçu une jeune mère qui se plaignait que sa petite fille était très désobéissante. C'est une plainte assez fréquente, mais un ou deux points curieux ont retenu mon attention. La plupart des parents emmènent l'enfant avec eux quand ils viennent me voir. D'ailleurs, la plupart aimeraient bien me le laisser en disant : « Voilà, arrangez-moi ça ! » Cette mère n'était pas venue avec sa fille « de peur de la perturber ». Elle n'en avait pas non plus parlé à son mari.

Durant l'entretien, elle m'a livré une foule de détails sur le comportement de la petite, de toute évidence soulagée de se libérer ainsi d'une tension, d'un souci. Elle avait l'air d'avoir tellement besoin de poser ce fardeau qu'une bonne demi-heure s'est écoulée avant que je ne reprenne la parole. Je lui ai demandé comment elle s'y prenait pour gérer le comportement de sa fille. Elle m'a répondu qu'elle se montrait très ferme, mais que l'enfant n'obéissait pas, tout simplement. Je lui ai demandé de venir avec l'enfant au prochain rendez-vous, pour me faire voir.

La petite s'est montrée très coopérative en répondant pleinement à notre attente. Après quelques minutes de repérage, elle a commencé à démantibuler mon téléphone et mes rideaux. J'ai demandé à la mère de me montrer comment la faire cesser. Tout de suite, elle a baissé le ton et murmuré d'une voix douce et précautionneuse : « Mathilde, ma chérie, et si tu arrêtais de faire ça ? »

Aucune réaction, cela va de soi. « S'il te plaît, mon amour, viens ici, sois une gentille fille. »

Cette dame m'était sympathique. En mère responsable, elle voulait agir au mieux pour son enfant. Mais nous n'avions pas du tout la même image de la fermeté.

Nous avons fait quelques séances de « formation à la fermeté », et je l'ai aidée à rechercher et à modifier les sources de sa propre timidité. Mathilde a vite cessé d'être le centre du pouvoir dans sa famille !

Les parents attendent des enfants qu'ils aient un comportement convenable non par caprice, mais pour rendre le quotidien plus facile. Contrairement aux parents de l'époque victorienne, nous n'avons pas besoin de signes d'obéissance gratuite, comme se brosser les cheveux avant de passer à table ou prendre ses repas selon un cérémonial immuable. Nous demandons aux enfants de coopérer pour que la vie soit plus facile à vivre : « Mets ton vieux jogging pour aller jouer dehors », « Sors ce chat du frigo ! ».

Un enfant qui ne coopère pas, ça complique la vie des parents. Des parents trop doux se rendent compte très vite qu'ils se font mener par le bout du nez. Quelle que soit leur envie de céder et de laisser le petit Sébastien exprimer toute sa créativité, ces parents finissent par reconnaître qu'ils sont très fâchés et épuisés des dégâts qu'il entraîne ; ils essayent alors de remettre de l'ordre. Cela peut arriver après une heure d'insubordination ou une interminable semaine de dégâts récurrents, mais, quand cela arrive, la patience des parents est soudain à bout. Ils interviennent brusquement, grondent l'enfant de telle manière et avec une telle décharge émotive qu'enfant et parents savent alors qu'ils ont, en quelque sorte, perdu le contrôle...

Vous ne serez pas surpris d'apprendre que les parents qui en arrivent à blesser leurs enfants sont souvent des adultes timides et réservés, qui finissent par « péter les plombs ». Si jamais vous sentez que lorsque vous « explosez », vous représentez parfois une menace pour la sécurité de votre enfant, ou la vôtre, lisez vite le chapitre 8 de ce livre pour en savoir plus sur la façon de prendre soin de soi.

En écrivant ces lignes, je suis vraiment très soucieux de vous. Je crains que vous ne vous sentiez pas bien en vous reconnaissant dans certains des parents évoqués plus haut. Si vous vivez ce genre de relations avec votre enfant (je baisse les bras… je baisse les bras… je baisse les bras… j'explose !), il faut que vous sachiez une ou deux choses :

- *Un tiers environ des parents fonctionnent sur ce schéma-là, surtout quand ils ont des enfants petits et qu'ils sont en train de forger leur expérience de parents.*
- *Ce n'est pas un gros problème, juste une mauvaise orientation de vos énergies, et on peut y remédier.*

Si le mode agressif et le mode passif ne marchent pas, que reste-t-il ? Nous allons maintenant vous présenter (sonnez trompettes !) le parent FERME.

LE PARENT FERME

Le parent ferme est clair, assuré, résolu et, au fond de lui, relativement détendu et confiant. Son enfant découvre que ce que dit papa ou maman va de soi. Mais en même temps, il sait qu'il ne sera pas rabaissé ni humilié.

On ne rencontre pas tous les jours des personnes capables de fermeté, et vous ne disposez peut-être pas de beaucoup de modèles à imiter. Si vos parents étaient agressifs, il peut être particulièrement difficile pour vous d'être ferme. L'important, c'est de considérer la fermeté comme un savoir-faire, et non comme une qualité que l'on possède en naissant. Cela signifie que vous pourrez l'apprendre avec le temps. Il y a de l'espoir !

La fermeté se trouve pour une part en vous-même, dans vos attitudes. Entourez celles qui vous décrivent le mieux.

Les parents « mous » s' « autodévaluent »	Les parents fermes décident qu'eux aussi, ils sont importants
• C'est toujours moi qui passe en dernier dans cette famille.	• Je suis aussi important(e) que le reste de la famille.
• J'ai pour mission de rendre mes enfants heureux tout le temps, sinon je suis un mauvais parent.	• Les enfants sont importants, mais ils doivent aussi s'adapter aux autres.
• Je ne dois pas brider leur créativité naturelle.	• La frustration fait partie de la formation. Les enfants ne peuvent pas toujours obtenir ce qu'ils veulent.
• Je ne suis personne, mais un jour mon enfant deviendra peut-être quelqu'un.	• Pour être un bon parent, j'ai besoin d'être heureux(se) et en bonne santé. Je dois aussi faire des choses pour moi.
• Mon époux a de l'importance pour moi, mais pas autant que mes enfants.	• Mon partenaire et mon couple sont très importants. Les enfants le sont tout autant.
• La vie est un combat difficile.	• La vie est un défi, mais c'est passionnant.
• Je veux juste avoir la paix : je cède aux enfants pour avoir un peu de tranquillité. Dommage que ça ne dure pas !	• La vie est plus facile si les enfants apprennent à bien se tenir. En tant qu'adulte, c'est ma mission.

La fermeté réside aussi dans l'action, dans ce que vous faites concrètement. Voici comment obtenir un comportement correct d'un enfant habitué à désobéir ou à faire traîner les choses.

1. **Soyez clair dans votre tête**. Ce que vous demandez à votre enfant n'est pas une requête, ce n'est pas ouvert à discussion. C'est une demande que vous êtes en droit de formuler, et l'enfant trouvera un bénéfice à prendre l'habitude d'y répondre.

2. **Soignez la qualité du contact**. Arrêtez ce que vous êtes en train de faire, allez près de l'enfant et faites-le vous regarder. Ne donnez l'instruction que quand il vous regarde.

3. **Soyez très clair**. Dites « Je veux que tu… maintenant. Tu comprends ? » Exigez une réponse, positive ou négative.

4. **S'il n'obéit pas, répétez ce que vous attendez de lui.** Ne discutez pas, ne raisonnez pas, ne vous fâchez pas et n'ayez pas peur. Respirez lentement et profondément pour rester serein(e). Le signal que vous envoyez alors à votre enfant, c'est que cette fois, vous avez l'intention d'insister, sans même vous énerver. C'est l'étape décisive, et ce qui est le plus important, c'est ce que vous ne faites pas : vous n'entrez pas dans une négociation ou une dispute, vous ne vous échauffez pas, vous répétez simplement votre demande à votre enfant.

5. **Restez à proximité** s'il y a le moindre risque que l'enfant n'accomplisse pas la tâche jusqu'au bout. Quand elle est terminée (par exemple, ranger les jouets), n'en faites pas tout un plat non plus. Dites simplement en souriant : « C'est bien ! »

Il s'agit là d'une *procédure éducative*. Les premières fois, cela peut prendre du temps. Vous vous direz : « Bon sang, c'est plus facile de ranger les jouets moi-même ! » Mais le temps que vous aurez investi ces fois-là sera rattrapé mille fois plus tard.

L'astuce consiste simplement à persévérer. Quand l'enfant se rend compte que vous n'allez pas baisser les bras, lui offrir en spectacle une mini-crise nerveuse ou vous laisser détourner de votre objectif, alors il cède naturellement.

Bientôt, vous verrez, vous allez adopter un ton de voix et une attitude avec votre enfant qui voudront dire « Je ne joue pas ». Un ton très différent de celui que vous utilisez pour discuter, chahuter, le complimenter ou jouer avec lui. L'enfant va reconnaître ce ton comme signifiant « Tout de suite ! ». Et il va le faire ! Joie et bonheur !

Une fois que les enfants sont habitués à votre fermeté, c'est stupéfiant de se souvenir comment, autrefois, vous vous rendiez la vie difficile. Voici, comme exemple, la « grande tragédie australienne du coucher ». J'ai bien entendu modifié les noms pour protéger l'anonymat des personnes !

C'est l'heure du coucher de Sophie :

Maman	Sophie (en son for intérieur)
C'est bientôt l'heure de se coucher, Sophie. Il va falloir commencer à ranger tes jouets !	Elle a dit « bientôt. » Ça veut dire « pas encore. »
Est-ce que tu ramasses tes jouets ?	Cause toujours !
Tu sais comme tu es fatiguée le matin, ma chérie…	Maman cherche à me raisonner. Ça veut dire qu'elle a peur de moi. De toute façon, le matin, c'est très, très loin.
Allez, Sophie, tu ne vas pas encore faire du cirque, si ?	Si.

Tiens, je t'aide à ranger tes poupées.	Chouette ! Maman va jouer avec moi !
Hé ! Repose ces jouets ! Je viens juste de les ranger.	Attrape-moi !
Sophie ! Tu veux vraiment que je me fâche ?	Oui ! C'est amusant !
Tu es vilaine, très vilaine !	Peut-être que oui. Je ne sais pas pourquoi, mais j'aime bien les bagarres du soir. Comme ça, maman s'occupe vraiment de moi.

Bien sûr, les pensées de l'enfant ne sont pas exprimées. Si la maman les entendait, elle entrerait sûrement moins volontiers dans son jeu ! Ce genre de saynète se joue à de multiples occasions. En voici les principales étapes :

• Les parents craignent le conflit ; dès le départ, on les sent réticents, peu sûrs d'eux lorsqu'ils demandent à l'enfant de coopérer.

• Ils raisonnent et argumentent, ne se rendant pas compte que l'enfant en profite pour gagner du temps.

• Ils accordent beaucoup d'importance au débat avec l'enfant, qui prend plaisir à contrôler les choses et à tenir en haleine une grande personne.

• Les parents finissent par en avoir assez et sévissent avec plus d'émotion et de paroles blessantes qu'ils ne l'auraient voulu.

C'est pénible, surtout si cela arrive tous les soirs...
Heureusement, il y a un moyen de s'en sortir.

Une bonne façon d'être fâché et détendu en même temps : faire semblant !

Un jour, quand j'étais à l'école, le professeur de sciences a été appelé en dehors de la classe. En moins de deux, on s'était emparé des pissettes d'eau distillée et on rejouait « Règlement de comptes à OK Corral » entre les paillasses. D'habitude plutôt timide, j'étais pourtant monté au tableau et je canardais copieusement mes petits camarades quand j'ai vu soudain leurs sourires s'évanouir et la classe se figer. Derrière moi, un rugissement s'est élevé : le professeur était de retour et nous tombait dessus dans tout l'éclat de sa fureur !

*Comme par magie, je me suis retrouvé derrière ma table, sans oser lever le nez de mon livre. Mais quand j'ai relevé la tête, j'ai vu une chose incroyable. Le professeur regardait sa classe silencieuse avec sur le visage un large sourire. Je me suis rendu compte qu'il avait **fait semblant** d'être en colère, et qu'il s'amusait fort de son effet.*

C'était nouveau pour moi. J'avais vu des adultes se mettre en colère et sortir de leurs gonds ; d'autres qui, effrayés de leur propre colère, se comportaient de façon incohérente. Je décidai que je préférais cette nouvelle version, mais qu'à l'avenir, je resterais à ma place.

J'expose plus en détail mes techniques d'autorité dans *More Secrets of Happy Children (Autres secrets des enfants heureux)*. Si vous avez à traiter de problèmes plus graves – délinquance, drogue, etc. –, il existe un excellent ouvrage appelé *Tough Love (L'affection musclée)*, qui apporte des conseils pratiques et des informations sur les organismes d'aide aux parents (voir *Bibliographie*, p. 154)[1].

Depuis trente ou quarante ans, l'humanité tout entière s'interroge sur la discipline. Vous n'êtes donc pas tout

---

1. Ces ouvages ne sont pas encore traduits en français (N.d.t.).

seul. Jusqu'au XXᵉ siècle, les enfants ne posaient pas de gros problème. Les deux tiers mouraient ; les autres étaient traités avec indifférence jusqu'à la puberté ; ils passaient alors dans le camp des adultes. La violence était le mode de discipline usuel. C'était le temps où l'on envoyait des gosses de sept ans au fond de mines non ventilées, ou dix heures par jour devant des machines dans les usines. L'enfance a fait des progrès !

Dans les années 1950 et 1960, on a vu surgir la grande époque de « l'enfant roi ». Comme à chaque mouvement novateur, on a laissé le balancier aller trop loin. Les jeunes se sont retrouvés en position d'être les personnes les plus importantes de leur famille. Inutile de dire que ça n'a pas été fantastique pour eux non plus. Puis on a trouvé le juste milieu. Nous sommes en train d'apprendre à donner à la fois de l' « affection tendre » et de l' « affection dure », et nos enfants commencent à se stabiliser.

Voilà la petite histoire du parent sûr de lui. En premier lieu, il décide qu'il a des droits en tant que parent, et que son enfant *a besoin* de son autorité (qu'il ou elle soit d'accord ou non). Et il finit par avoir une vie de famille beaucoup plus tranquille, et beaucoup plus de temps pour s'amuser avec ses enfants.

Voici les quatre options de base offertes au père ou à la mère pour « gérer » leur enfant : que ce tableau ne vous fasse pas culpabiliser !

Qu'il vous aide à vous rappeler une seule chose : « J'ai le choix ! »

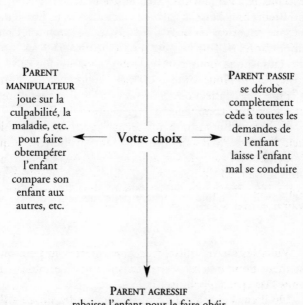

PARENT FERME
ne se sent pas menacé par le conflit
négocie davantage au fur et à mesure que l'enfant grandit et devient
responsable
distribue des notes positives
exprime des demandes et des ordres clairement et fermement
fixe les règles et assume les conséquences

PARENT MANIPULATEUR
joue sur la culpabilité, la maladie, etc. pour faire obtempérer l'enfant compare son enfant aux autres, etc.

Votre choix

PARENT PASSIF
se dérobe complètement cède à toutes les demandes de l'enfant laisse l'enfant mal se conduire

PARENT AGRESSIF
rabaisse l'enfant pour le faire obéir
crie sur l'enfant
frappe l'enfant avec colère

LE « PATERNAGE » :
SOUTENIR VOTRE PARTENAIRE

Beaucoup de choses dans la vie sont beaucoup plus faciles à faire si l'on peut s'appuyer sur une autre personne. L'éducation des enfants en est une.

Il ne fait aucun doute qu'élever des enfants requiert de la volonté, de la poigne et de l'énergie pour les remettre sur les rails. Dans ces moments-là, rien ne vaut l'assurance que le soutien de votre partenaire vous est acquis.

Pendant un temps, les gens se sont méfiés de ce type d'intervention parce qu'ils voulaient éviter de retomber dans L'ANCIENNE MANIÈRE de faire. L'ANCIENNE MANIÈRE ? Elle se résume en une seule phrase : « Tu vas voir quand ton père va rentrer ! » Cette méthode n'a rien de drôle : seule et débordée, la maman confie le rôle de l'autorité au papa, qui n'a envie de rien d'autre que de se détendre quand il rentre, mais endosse néanmoins le mauvais rôle auprès des enfants, qui rendent leur mère chèvre dès qu'il a le dos tourné… C'est le cercle vicieux !

Le soutien, c'est important ; encore faut-il l'apporter correctement. Il y a une règle simple : quand on soutient quelqu'un, il est inutile de prendre pour autant les choses en main.

Les relations sont plus simples quand les gens règlent leurs affaires directement entre eux. À trois, la communication passe moins bien, tout s'embrouille. Voici comment s'y prendre…

Pierre, treize ans, est en conflit avec sa mère qui voudrait qu'il trie son linge à laver. Il élève le ton, s'exprime avec agressivité, sort des grossièretés. Son père l'entend et entre dans la pièce. Il dit à Pierre « He ! Je te prie de parler normalement et de régler ça avec ta mère tout de suite ! » Il le regarde dans les yeux : « C'est vu ? – Mmm… » Le père sort, mais reste à portée de voix. Pierre doit poursuivre et résoudre le problème du linge.

Voilà le principe : un enfant qui a une discussion avec sa mère doit l'achever avec sa mère. L'intervention du père ne doit consister qu'à s'assurer que l'enfant reste poli et règle son problème. Ainsi, les choses restent simples.

On a besoin de soutien avec les filles comme avec les garçons. Mais les garçons, surtout à un certain âge, jouent volontiers à tester les limites, et c'est plus commode quand le papa est là pour « envoyer la cavalerie ». Mais le soutien doit être réciproque. Chacun des deux parents doit maintenir un équilibre entre fermeté et gentillesse. On ne peut pas « compenser » la rigidité ou le laxisme de l'autre parent ; chacun doit être une personne « entière » face à l'enfant.

Une autre ANCIENNE MANIÈRE qui semble avoir été incroyablement répandue il y a une trentaine d'années est le duo parent tendre/parent rude : un des parents s'efforçait de compenser la dureté de l'autre. Papa t'envoyait au lit privé de dîner, mais maman entrait sur la pointe des pieds avec un gâteau ! Ça ne marche pas très bien, parce qu'alors l'enfant ne considère pas chacun de ses parents comme une personne à part entière.

Comme pour tout ce qui touche au « parentage », vous allez trouver vous-même une méthode qui vous ira bien. Vous saurez que vous êtes sur la bonne voie quand votre enfant dira : « C'est pas juste ! Vous êtes tous les deux contre moi ! » mais sans paraître plus perturbé que cela.

L'ENFANT ET LES TÂCHES DOMESTIQUES :
COMMENT LUI ENSEIGNER LA RESPONSABILITÉ

Voici une méthode imparable pour réduire votre lot de corvées domestiques et aider votre enfant à se préparer à la vie d'adulte. D'une pierre deux coups !

En Australie, les jeunes se la coulent douce. Souvent, nous sommes ébahis d'apprendre que de jeunes adultes (la vingtaine) cocoonent à la maison, leurs vieux parents se chargeant des repas et du linge ! Un grand nombre de jeunes Australiens ne deviennent pas adultes, dans le sens où ils ne prennent en charge ni leur lessive ni leur nourriture, avant vingt/vingt-cinq ans. C'est vrai surtout pour les jeunes hommes.

Dans le monde entier, du Népal à la Nouvelle-Guinée en passant par le Nicaragua, on trouve normal que de jeunes enfants aient des responsabilités. En général, ils sont sous la surveillance affectueuse d'adultes (et non livrés à eux-mêmes comme nombre de jeunes Occidentaux aisés) et ont à accomplir quotidiennement un certain nombre de tâches qu'ils effectuent avec une fierté et un entrain évidents. Bien entendu, ils ont aussi du temps pour jouer. Le résultat de cette enfance dégourdie est que, dans presque toutes les cultures autres que notre civilisation occidentale, le jeune passe sans heurts de l'enfance à la vie adulte. Comment diable nous sommes-nous forgé l'idée que l'enfance était une « salle d'attente » avant la « vraie vie » ?

Quel meilleur service rendre à nos enfants que de les préparer à l'autonomie ? Et l'une des façons de s'y prendre est de leur distribuer du travail. On peut commencer très tôt, à partir de deux ans, en leur confiant une petite tâche quotidienne : sortir les couverts pour le dîner par exemple.

Mois après mois, les tâches se multiplieront. Choisissez-en qui soient faciles et régulières, concernant le soin à sa propre personne, et d'autres qui contribuent au bien-être général de la famille. À quatre ans, ils peuvent mettre la table, la débarrasser, remplir le lave-vaisselle. Au fur et à mesure qu'ils grandissent, il est facile de trouver d'autres petites tâches supplémentaires. Rappelez-leur de les accomplir, assurez un suivi, et bientôt vous pourrez compter sur eux pour s'en souvenir. Complimentez-les et montrez-vous fiers d'eux, mais n'en faites pas trop : ce n'est pas un prodige, c'est simplement ce qu'on attend d'eux.

Aujourd'hui, on accorde une grande importance à l'estime de soi, à l'encouragement, à la valorisation des enfants et de leurs efforts. Il est plus important de se rappeler que l'estime de soi authentique vient du fait d'avoir un rôle à jouer. S'il n'a pas conscience de sa place, s'il ne participe pas au quotidien de la famille, l'enfant peut développer une image de lui-même de type « Jeune Talent », une vision hypertrophiée de sa personne que le monde extérieur, sans papa et maman qui l'adulent, se chargera assurément de dégonfler.

Cette approche détendue et progressive facilite grandement les étapes suivantes. Ainsi, les adolescents qui donnent un coup de main depuis le plus jeune âge ne basculent pas dans la résistance passive ; pour eux, c'est déjà la routine. L'objectif pour vous, c'est d'arriver à ce que votre jeune, à 18 ans, en fasse autant dans la maison que chacun des parents. Préparer au moins un repas familial par semaine, être responsable d'un domaine quelconque de la vie domestique… Si les tâches sont à répartir entre plusieurs enfants, confiez-leur des choses qu'ils aiment faire et d'autres moins agréables. Encore une fois, l'objectif est d'être réaliste, comme dans la vie adulte.

Mais les études ? Des ajustements seront sans doute nécessaires en période d'examen. Mais, de manière générale, l'école et les devoirs sont en quelque sorte leur « métier » et ne devraient pas les empêcher de participer aux travaux de la maison.

Gardez en tête que votre objectif est qu'ils soient compétents dans toutes les activités de base de la vie : cuisiner, faire le ménage, s'occuper du linge, des animaux, établir un budget, gérer son temps, sans oublier la négociation et le travail en équipe ! Quand vos jeunes quitteront la maison, ils seront armés pour s'occuper d'eux-mêmes. D'ailleurs, ils risquent de filer plus vite pour échapper aux corvées !

6
LE MILIEU FAMILIAL
Papa ? C'est qui, papa ?

Quand vous entendez le mot « famille », quelle image voyez-vous ? Les plus âgés d'entre vous imagineront peut-être un groupe de trente à quarante personnes : oncles, tantes, cousins… Des personnes qui, très probablement, habitaient le même quartier et se retrouvaient de nombreuses fois dans l'année, sinon toutes les semaines pour le déjeuner du dimanche.

Ce que nous appelons aujourd'hui « famille » en fait n'en est pas une. Depuis que la voiture a été inventée et que tout le monde s'est dispersé, nous n'avons pas de vraie famille. Le groupe « deux parents, trois enfants, un labrador » n'est qu'une portion de famille ; c'est pour cela que ça ne marche pas très bien.

De plus, même ce groupe-là est en train de changer. Aujourd'hui, la famille occidentale moyenne est souvent monoparentale ou recomposée, avec seulement un des parents de l'enfant et un nouveau père ou une nouvelle mère, souvent avec ses propres enfants. Ce n'est pas forcément une mauvaise chose, mais cela change beaucoup la vie.

Quel est l'impact sur vos enfants ? En fait, nous avons découvert que la forme de la famille est très importante et qu'on peut la modifier pour en faire un lieu où il fait bon vivre.

Poursuivez votre lecture, et découvrez le programme de Steve Biddulph pour une politique nationale de la famille !

Prenons un exemple. Certains mettent tous les maux de la société sur le compte de l'effondrement de la famille :

« Où tu vas, Martin ? »

« Juste avec les potes, M'man ! On va faucher une caisse ! »

« Ne rentre pas trop tard ! »

C'est vrai en apparence, mais qu'est-ce qui a fait s'effondrer la famille ? Connaissez-vous ces quartiers où grandissent les gangs de jeunes ? Ou les conditions de vie à Belfast ou à Soweto ?

Ce qui importe de prime abord est le niveau de revenus. En dessous de certaines normes de « vivabilité », personne ne peut élever des enfants heureux. Mais au-dessus d'un certain niveau, les besoins en richesse matérielle font place aux besoins en richesse humaine. L'éducation, l'épanouissement de la collectivité environnante, l'appartenance au groupe et la manière de travailler ensemble deviennent alors des besoins élémentaires pour une vie de famille saine.

Financièrement parlant, ça ne coûte pas cher. Un de mes amis organise des réunions d'auto-assistance pour des gens qui sortent de dépression. S'il réussit à maintenir deux personnes par an en dehors de l'hôpital, c'est comme s'il contribuait à son propre salaire. Mais dans la réalité, ce qu'il accomplit vaut bien plus que cela.

Pendant des milliers d'années, les gens ont vécu dans des hameaux ou des bourgades. Il y a environ deux cents ans, des villes modernes se sont créées, mais les gens ont continué à vivre dans le même quartier que leurs proches. Le clan familial ressemblait assez au schéma de la page 100.

Comme vous le voyez, cela faisait pas mal de gens. Même si les temps étaient difficiles (les gens mouraient dans les guerres, il y avait beaucoup de décès à la naissance ou dans la petite enfance), cette famille étendue représentait un grand soutien. Voici un exemple :

Marie (restée célibataire) adore les enfants ; elle garde donc souvent la petite Julie chez elle. Cela aide beaucoup Danielle, qui a trois garçons. Danielle est souvent souffrante, et Marie l'aide pour la cuisine et le ménage une ou deux fois par semaine.

Le mari d'Élise a été tué à la guerre. Armand est né en 1920, ce qui pourrait avoir créé quelques problèmes puisque la guerre s'est achevée en 1918 ; mais comme Élise a été recueillie par Guillaume et Nicole, personne, en dehors de la famille, n'a besoin de le savoir !

Grand-Père commence à prendre de l'âge ; il lui arrive souvent de se réveiller en criant que les Boches attaquent ; heureusement, son fils cadet Bernard est resté à la ferme et s'occupe des bêtes.

Guillaume n'aime pas les enfants et s'absente souvent, mais Arthur, lui, les aime bien. Il emmène les garçons à la pêche, jouer au foot… ainsi, ils ne sont pas trop en manque.

Dans les faits, les 24 membres de cette famille imaginaire ne vivent pas ensemble (il y a six foyers en tout) mais il est rare qu'une semaine se passe sans qu'ils se voient à un moment ou à un autre. Le clan familial a pu faire face aux guerres, à la maladie, à la mort, au « galant de passage » d'Élise et à des lacunes et déficiences diverses. Chacun vivait un sentiment d'appartenance, chacun se sentait soutenu.

L'époque était dure, mais il y avait moins d'incertitude. Pour les parents, cela présentait des avantages certains. Le Bien et le Mal étaient clairement définis. Si on n'apportait pas soi-même tout ce dont ses enfants avaient besoin, les autres pouvaient compenser. On n'était jamais seul : conseils, assistance et modèles étaient disponibles, en abondance. Avant de fonder sa propre famille, on avait beaucoup l'occasion de s'entraîner avec les enfants des autres, ainsi qu'avec ses jeunes frères et sœurs. On pouvait même choisir de ne pas avoir d'enfants du tout sans pour autant vivre trop isolé.

Il y avait aussi toutes sortes de restrictions et d'exigences, et peu d'entre nous seraient prêts à revenir, même si cela était possible, à ce type de famille étendue. Mais les choses qui étaient bonnes pour les parents, pourrait-on les retrouver ? Je crois que oui, et j'aimerais vous dire comment.

ON N'A PAS BESOIN D'AVOIR UNE FAMILLE, JUSTE DE CRÉER DES LIENS

Prenons la famille moderne la plus isolée : le parent unique avec un ou deux enfants (certains rétorqueront qu'il existe une combinaison encore plus isolée : les époux mal mariés, raison pour laquelle tant de personnes choisissent de revivre seules). Qu'est-ce qui manque ?

Les grands-parents ne vivent peut-être pas à proximité. Aujourd'hui, tout le monde circule tellement !

Il peut n'y avoir aucun autre adulte qui s'intéresse aux enfants, comme les oncles et tantes.

La famille étendue d'autrefois

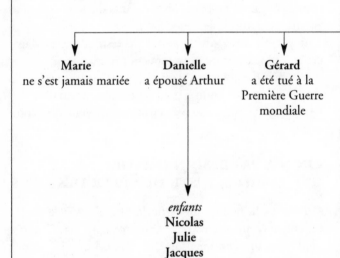

Les sœurs de Grand-Mère Jeanne et Dorothée (l'époux de Jeanne, Raoul, est décédé) ⟶ **Grand-Mère** (a eu 9 enfants, dont 3 morts à la naissance ou en bas âge) ↗

Marie ne s'est jamais mariée

Danielle a épousé Arthur

Gérard a été tué à la Première Guerre mondiale

enfants
Nicolas
Julie
Jacques
Albert

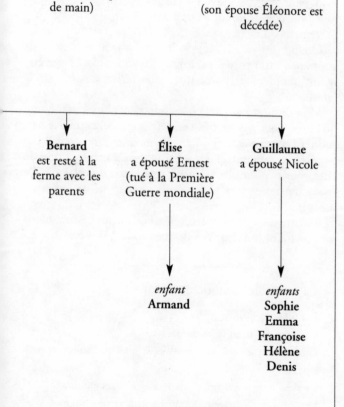

Il peut ne pas exister de figure paternelle pour jouer un rôle d'animateur et de soutien pour la discipline et la prise de décision (pour les mères isolées).

Il peut ne pas y avoir de femme pour gérer les « histoires de filles », rencontrer les professeurs pendant les heures de travail ou partager l'autorité et la prise de décision (pour les pères isolés.)

Il peut ne pas y avoir d'autres enfants avec lesquels jouer ou d'endroit sûr pour s'amuser en dehors de l'appartement ou de la maison.

Quand arrive un coup dur, il n'y a personne de confiance à qui parler, personne qui vous aidera concrètement, simplement parce que vous feriez « partie de la famille ».

Mais ce n'est pas parce que toutes ces choses manquent qu'on ne peut pas les trouver. Par exemple, certaines personnes âgées aiment vraiment les enfants ; ne serait-il pas possible de rencontrer des « seniors » qui habitent près de chez vous et pourraient devenir une partie de votre famille (vous repeignez leur plafond, ils s'occupent de vos marmots !) ?

Il existe d'autres parents isolés, et d'autres mariés, mourant de solitude à deux pas de chez vous. Vous croyez vrai-

---

La « famille étendue du futur » !

Les filles du bureau

Le jeune qui tond la pelouse

Cette jeune femme que vous avez souvent croisée et ses enfants

Ce type sympa rencontré à une soirée et ses enfants

Les gars du voisinage qui emmènent les jeunes au foot

La vieille dame, les voisins d'à côté

ment que les gens vont aux réunions Tupperware uniquement pour s'équiper de bols en plastique ? Ils y vont pour
s'occuper, et trouver des gens à qui parler. D'autres
parents ne demandent sûrement qu'à discuter avec vous.

Vous pouvez également vous renseigner sur les activités
organisées dans votre quartier. Celles où l'on rassemble les
enfants recréent les dimanches après-midi d'antan chez
Mamie ; les enfants s'amusent ensemble, les parents
bavardent et animent. Les cours pour adultes, souvent très
accueillants, sont de bons endroits pour rencontrer des
gens. Les garderies, les écoles, les centres de Protection
maternelle et infantile, les associations de quartier, les
cours de gym, les activités paroissiales... il y en a pour
tous les styles.

Cela représente un très gros investissement, et tout est
à refaire si on déménage ! Mais vous pouvez ainsi vous
recréer une famille étendue, si ce n'est pour votre propre
bien-être, du moins pour celui de vos enfants.

La forme de la famille a en elle-même un autre aspect
important, même si elle est du type « standard » : deux
adultes et deux/trois enfants.

Quand vous avez commencé votre vie à deux, c'était
simple. Vous n'étiez que tous les deux, et vous avez sans
doute passé de bons moments. Puis l'enfant est arrivé, et
les choses se sont compliquées.

Ce que nous avons découvert auprès de centaines de
familles qui recherchaient de l'aide, c'est que *l'intimité du
couple parental est très importante*. Il semble que les enfants
grandissent avec plus d'aisance et de bonheur quand
maman et papa s'aiment et s'intéressent l'un à l'autre au
point que les enfants n'arrivent pas à s'interposer entre
eux, même s'ils essayent (ce qu'ils font !).

Un spécialiste est devenu célèbre en affirmant que la
meilleure éducation sexuelle du monde, c'est quand papa

pince maman quand il passe à côté d'elle dans la cuisine, et que maman y trouve manifestement du plaisir. Pour lui, tout le reste relève de la plomberie ! Pour respecter une approche non sexiste, je suis convaincu que l'inverse serait tout aussi bon (maman pince papa).

Les enfants semblent réellement gagner en sécurité lorsque les parents passent du temps ensemble et qu'ils n'ont pas le droit de les interrompre. Si vous n'avez pas pris cette habitude, et que vos enfants ont la priorité même quand vous discutez avec votre partenaire, alors attelez-vous à casser ce schéma.

Il semble que des problèmes naissent chaque fois que :

- Un parent prend souvent le parti d'un enfant contre l'autre parent ;

- Un parent recherche l'affection et l'approbation d'un enfant de préférence à celles (ou au lieu de celles) de son conjoint ;

- Un enfant est trop souvent obligé de jouer le rôle d'un parent, par exemple de s'occuper d'autres enfants ou de prendre part à des décisions qui relèvent uniquement du domaine des parents.

Un jour, j'ai entendu un proche plein de bonnes intentions dire à un garçon de neuf ans dont le père venait de mourir « tu dois te conduire en homme maintenant et prendre soin de ta mère ». J'étais furieux : les enfants doivent rester des enfants !

Chaque personne est différente, aucun conseil ne saurait être idéal. Tout ce que je peux faire, c'est vous donner les règles générales que nous avons découvertes, et qui peuvent s'appliquer à vous et vos enfants.

- Dans une famille monoparentale, les enfants sont plus heureux quand leur parent a une relation intime et affectueuse avec un autre adulte. Que ce soit leur parent naturel ou non, ou que l'autre adulte soit du sexe opposé ou non n'a pas grande importance ; ce qui est important, c'est que le parent soit heureux d'avoir le soutien d'au moins un autre adulte « en particulier ».

- Les enfants souffrent au milieu d'un conflit permanent, mais ils souffrent aussi dans le divorce. Les études le démontrent clairement. Les couples se doivent d'obtenir de bons conseils et de se faire aider pour résoudre leurs difficultés. Tous les mariages passent par de mauvais caps : pas de panique. À moins que votre partenaire ne soit violent, se drogue, se montre chroniquement malhonnête ou refuse totalement de communiquer, vos chances d'améliorer les choses sont réelles. Mais c'est du travail.

Récemment, un couple a comparu devant le juge pour obtenir le divorce. L'homme avait 91 ans, sa femme 86. Le juge leur a demandé pourquoi ils voulaient divorcer après tant d'années. Ils ont répondu, comme de nombreux couples avant eux : « On ne se supporte plus ! »

« Mais pourquoi avez-vous attendu si longtemps ? » a demandé le juge, atterré.

« Nous voulions attendre que tous nos enfants soient morts. »

ET SI VOUS ÊTES MÈRE CÉLIBATAIRE ?

Être parent isolé présente des avantages et des inconvé-
nients. Les avantages, c'est que vous n'avez pas à gérer des
exigences différentes, des conflits entre parents, etc. C'est
vous le patron ! Les mères séparées nous ont souvent dit que
la vie coulait bien plus facilement ainsi. En revanche, beaucoup de choses, la discipline notamment, sont plus difficiles
à obtenir quand on est seule. Examinons cela.

Parfois, quand les enfants grandissent, il est nécessaire de
« faire pression » sur eux avec beaucoup de force et de persis-
tance. Vous savez qu'il est important de les remettre sur les
rails, pour votre bien et le leur, mais cela finit par être fati-
gant. À certains âges, les garçons notamment sont difficiles à
gérer. Certains jeunes garçons semblent avoir un besoin biologique de vivre de vrais conflits et de se faire contrôler fermement et fréquemment, jusqu'à ce qu'ils apprennent à
modérer leur force et leur rébellion pour enfin s'entendre
avec les autres. Pour dire les choses simplement, on dirait
vraiment qu'ils cherchent la bagarre, et ils ne se détendent et
ne s'adoucissent que quand on la leur propose. Dans ces
moments-là, c'est pratique d'avoir un père sous la main.

Il semble que le « maternage » et le « paternage » soient
deux formes différentes d'apport parental dont les enfants
ont besoin pour bien grandir. Si c'est nécessaire, une mère
peut fournir du « paternage », un homme peut *offrir* du
« maternage ». La leçon de l'ère féministe est claire : l'homme
et la femme ne sont pas si différents. Une femme *peut* faire
tout ce qu'un homme peut faire, et vice versa, hormis
quelques particularités évidentes d'ordre biologique. Mais la
différence, c'est qu'il sera souvent plus facile, moins contre-
nature, pour un homme, de se montrer strict avec les
enfants.

Une mère qui élève seule ses enfants peut trouver en elle
toute cette sévérité, mais cela lui demande beaucoup d'énergie parce que cela fait appel à une combativité de type mas-

culin dont elle dispose en moindre quantité. Pour l'acquérir, une mère isolée doit s'entraîner à la rudesse, tout en conservant ses qualités de compassion et d'apaisement.

Beaucoup de parents isolés nous ont dit qu'une fois qu'ils ont compris cela, les choses deviennent moins déroutantes, moins insurmontables : ils apprennent simplement à « passer les vitesses ».

LE MOMENT DU COUPLE ! LES DIX MINUTES QUI PEUVENT SAUVER VOTRE MARIAGE

Aimeriez-vous faire du pire moment de la journée le meilleur ? Aimeriez-vous apporter à votre vie charme, chaleur, amitié et détente ? Alors, testez le rituel suivant. Appliquez-le quotidiennement ou quand le besoin s'en fait sentir, et vous pourrez vivre des soirées harmonieuses, rester mariés et heureux. C'est juré !

Quand vous et/ou votre partenaire rentrez le soir à la maison, vous avez peut-être pris l'habitude de remettre à plus tard les instants de détente jusqu'à ce que toutes les tâches soient terminées : repas, travaux ménagers, enfants, etc. Cela peut très bien fonctionner tant que les enfants sont petits et au lit à sept heures. Mais ça ne dure pas longtemps : au fur et à mesure qu'ils grandissent, vous êtes obligés de reporter de plus en plus tard le moment de vous retrouver.

Autrefois, maris et femmes étaient ensemble une bonne partie de la journée et trouvaient leur rythme ensemble. Nos journées de travail, chacun de son côté, ont un tempo très différent ; lorsque nous nous retrouvons à la maison, nous tourbillonnons à différentes vitesses, comme des toupies. Difficile de se sentir « connectés ». En fait, de nombreux couples sont en discordance toute la soirée, ne parvenant à se synchroniser que tard dans la nuit, s'il leur reste suffisamment d'énergie et de motivation !

C'est pourquoi nous devons nous SYNCHRONISER aussi tôt que possible. Voici comment procéder :

1. RENCONTREZ-VOUS. Dès que vous êtes tous les deux à la maison, asseyez-vous, et prenez quelques minutes de détente ensemble. Et pendant que vous y êtes...

2. MANGEZ ! Ayez sous la main des aliments pratiques mais nourrissants : saucisson, fruits secs, fromage, cake, quelque chose qui ait du corps pour rassasier l'estomac et fournir une énergie immédiatement disponible. L'étape suivante...

3. LES ENFANTS À L'ÉCART ! Ils sont souvent les seuls à monopoliser toute l'attention vers l'heure du dîner ; ils doivent rester à l'écart. S'ils sont capables de le faire dans la même pièce que vous, parfait. Sinon, envoyez-les hors de la pièce. Leur tour viendra. Serrez les dents, ne cédez pas ! C'est l'affaire de dix minutes.

4. BUVEZ. S'il vous arrive de boire un verre, c'est le moment idéal pour le faire. Un seul verre de vin, une bière ou un martini pris en grignotant évacuera rapidement les tensions de la journée et indiquera à votre corps que c'est le moment de décompresser.

5. PARLEZ seulement si vous en avez envie. Si c'est le cas, surtout ne parlez que de bonnes choses. Fuyez absolument le concours traditionnel des couples : « Qui a eu la plus mauvaise journée ? » Soit vous tenez un discours positif, soit vous restez tranquillement assis et profitez d'être là.

Bientôt, vous vous sentirez suffisamment posé pour attaquer les activités de la soirée. Vous pourrez préparer le repas plus paisiblement, puisque vous ne serez plus affamé, ou rester avec les enfants si vous êtes celui qui a été absent toute la journée. Vous trouverez que tout s'écoule plus sereinement, parce que votre propre rythme (jusqu'à votre rythme cardiaque) est synchronisé avec celui de votre partenaire.

Ce rituel quotidien est si simple, ses effets si profonds, qu'il sauve les couples, tout simplement. Essayez-le !

7
ÂGES ET ÉTAPES

Vous croyez que c'est normal ?

En grandissant, les enfants changent vraiment. Ce qu'il faut dire à un enfant de trois ans ne fonctionnera peut-être pas du tout avec un grand de sept ans, et sera différent de ce que vous diriez à un adolescent. Il en va de même des exigences à l'égard des enfants.

Connaître les étapes permet de savoir ce qui devrait se passer à chaque âge particulier, et de réagir de la meilleure façon.

Pour définir les étapes, je me suis inspiré d'un ouvrage intitulé *Grandir avec ses enfants* de Jean Illsley-Clarke (pour plus de précisions, voir *Bibliographie*, p. 154) J'ai discuté de ces étapes avec des milliers de parents ; la réponse la plus courante a été :

« Ah ! C'est tout à fait ça ! » et parfois :

« Si seulement j'avais su ! »

LES ÉTAPES DU DÉVELOPPEMENT DE L'ENFANT

0-6 mois	Est-ce que je peux faire confiance à ces gens ?
6-18 mois	Exploration !
18 mois-3 ans	L'apprentissage de la réflexion
3-6 ans	Les autres
6-12 ans	Je l'ai fait à ma façon !
12-18 ans	Prêt à partir

Examinons-les en détail.

Est-ce que je peux faire confiance à ces gens ? – 0-6 mois

Le petit d'homme débarque tel un extraterrestre venu d'une autre planète. Ses premières pensées, ses premiers sentiments sont plutôt flous, mais reviennent essentiellement aux questions suivantes :

« Est-ce que je suis en sécurité ? »
« Qui va me nourrir ? »
« Où est passé mon lit à eau ? »
« Ces gens ont l'air sympa. Comment faire pour qu'ils restent dans le secteur ? »
« C'est quoi cette impression de gadoue du côté de mon arrière-train ? »

Il est inutile d'avoir des exigences d'un nouveau-né ou de le critiquer, puisqu'il est pris dans son étape « absorption de l'environnement ». C'est à vous de deviner ses besoins (être changé, nourri, câliné, délivré de ses rots, porté ici et là) puisqu'il n'a pas les moyens de vous dire ce qu'il veut.

Il est important que vous prêtiez attention à ses appels à l'aide, parce que si vous l'oubliez trop longtemps, il va apprendre à devenir passif et dépressif. Mais il est tout

LE STADE DE L'EXPLORATION TOURNE MAL

Vers le milieu des années 1970, j'étais un psychologue fraîchement diplômé, très inexpérimenté, qui connaissait mieux les rats que les enfants.

J'ai commencé comme psychologue scolaire. Ma hiérarchie considérait que ma fonction consistait à recevoir les enfants dont les enseignants pensaient qu'ils étaient attardés. Je devais leur faire passer des petits tests croquignolets, puis informer les enseignants de l'ampleur de leur inintelligence. Cette démarche était censée être utile.

Je n'en veux pas totalement à ma hiérarchie d'avoir instauré cette fonction. C'est impressionnant de se sentir responsable du bien-être psychologique de trois mille enfants répartis dans neuf écoles différentes, et les petits tests m'occupaient.

J'ai décidé d'entreprendre des actions plus utiles que les tests de QI. J'ai recruté et formé des mamans pour le suivi des enfants qui avaient un retard en lecture. J'ai exposé aux enseignants mes idées sur l'estime de soi. J'ai écouté patiemment des parents à bout de nerfs. Un jour, j'ai rendu visite à la mère d'un petit garçon qui faisait des siennes à l'école… La maison se trouvait loin dans la campagne et avait l'air plutôt délabrée.

J'ai enlevé ma cravate avant d'entrer. J'ai discuté, pas vraiment à l'aise, avec la mère du garçon. Elle avait l'air âgée et fatiguée. Sur le lino usé et poussiéreux de la cuisine où se tenait notre conversation, un tout-petit levait des yeux indifférents vers nous. Pas une brique de jeu ni une petite voiture en vue. De temps à autre, le petit tirait la porte d'un placard et agrippait un ustensile de cuisine. La mère se levait, rabrouait l'enfant, claquait la porte du placard et poursuivait la conversation.

Sur la route du retour, j'éprouvais à la fois de la colère et de l'impuissance. Pour cette maman, un bon petit était un petit immobile et silencieux. Je savais que cet enfant, sans jouets pour s'amuser ni encouragement à jouer, regarder des livres ou écouter des histoires, figurerait dans quelques années sur la liste du psychologue scolaire : « possibilité de retard mental ».

aussi important de le laisser *commencer* à pleurer franchement un moment pour qu'il apprenne qu'il *peut faire quelque chose* pour obtenir la réponse à ses besoins, et que ses cris amèneront les secours. Un enfant que l'on nourrit toujours *avant* qu'il ait manifesté sa faim aura peut-être du mal plus tard à savoir ce qu'il veut dans la vie.

Masser et câliner le bébé, gazouiller avec lui, le regarder et lui sourire, tout cela contribue à en faire un enfant plus heureux, plus éveillé, qui dormira, se nourrira et apprendra ainsi plus facilement. On a découvert que le massage guérissait les bébés de la constipation à une vitesse stupéfiante (garez-vous !).

Vous avez remarqué comment, chez beaucoup de peuples plus sages, les bébés sont transportés partout dans des châles ou des porte-bébés ? Au nombre des traditions balinaises, figure la « pose à terre » du nouveau bébé. Ce rituel n'a lieu qu'à l'âge de six mois ! Avant, il ne quitte jamais les bras de la communauté. Pour nous, ce serait difficile à gérer, mais cela mérite réflexion.

Exploration ! – 6-18 mois

C'est l'époque où l'enfant entame sa propre éducation. Il s'avance dans le vaste (et beau) monde, goûte, attrape, pousse, porte, tire, mange tout ce qu'il voit.

Vous économiserez des trésors d'énergie en créant dans votre maison une *zone de sécurité à l'épreuve des tout-petits*. Ainsi, vous ne serez pas toujours en train de dire « *Non !* ». Mettez la chaîne hi-fi hors de sa portée, oubliez les projets de papier peint, et votre enfant sera libre de se déplacer en paix (la vôtre).

Les enfants de cet âge ont besoin d'être libérés des exigences de performance : s'asseoir correctement, être poli, être propre (les muscles des sphincters de votre enfant ne sont pas encore assez développés pour permettre un contrôle total).

Physiquement, les tout-petits peuvent être épuisants ; pour vous, c'est donc une bonne période pour commencer à vous évader quelques heures, vous reposer et vous lancer dans vos propres explorations !

L'apprentissage de la réflexion – 18 mois-3 ans

Maintenant, l'enfant commence à utiliser son raisonnement. C'est la bonne période pour expliquer les choses simplement : « Le chaton a peur quand tu le serres contre toi. Je vais te montrer comment le caresser gentiment. »

Votre enfant utilise aussi la colère et apprend à dire « Non, je ne veux pas », « Je m'en fiche ! ». C'est la période que certains nomment « les deux ans terribles ». Les parents vont avoir à poser des limites claires.

L'enfant va tester ces limites. Les parents doivent rester fermes… fermes… et encore fermes.

Pour économiser votre énergie, repérez à l'avance ce qui est essentiel et ce qui n'a pas d'importance. Parfois, l'enfant voudra être autonome, puis redevenir soudain très dépendant, surtout si un nouveau bébé entre en scène. C'est normal. L'enfant va « grandir » à nouveau quand on aura répondu à ses besoins.

Les autres – 3-6 ans

Voici l'âge où l'enfant, clairement, commence à jouer *avec* les autres enfants et non plus *à côté* d'eux. S'il y a d'autres enfants pour apprendre, c'est plus facile. C'est aussi la période des questions perpétuelles : quand ? pourquoi ? comment ? et si ? pourquoi pas ? et encore pourquoi ?

Quand ils vous assomment avec leurs bavardages, rappelez-vous qu'ils en sont au stade du développement du langage, et réfléchissez aux économies que vous allez faire plus tard en petits cours particuliers et autres investissements éducatifs !

Se moquer d'eux ou les rendre ridicules (jamais une bonne idée) est particulièrement dommageable à ce stade, quand l'enfant apprend à intégrer l'espèce humaine et pourrait facilement se mettre en retrait.

Réalité et imaginaire doivent être clairement séparés : les deux sont intéressants, mais la différence doit être marquée.

> « *Je suis un monstre !* »
> « *Tu es douée pour imiter les monstres !* »
> « *Grrr ! Hi hi hi !* »

On peut formuler clairement des exigences de conduite appropriée. Mieux vaut le faire avec précision et sur un ton positif : « Maintenant, ramasse tes petites voitures » plutôt que « Ne sois pas si désordonné ! ».

> *Véronique est le genre de mère qui vous ramène immédiatement à votre prime enfance. Est-ce mon imagination ou est-ce qu'elle sent vraiment le chocolat ? Elle est vive aussi, pleine d'humour, et capable de remettre à sa place un psychologue débutant. Je décide que, pour cet atelier, mieux vaut que j'essaie d'apprendre auprès d'elle plutôt que de lui enseigner quoi que ce soit. Et bien sûr, c'est ce qui arrive. Véronique raconte comment son fils David, huit ans, en est venu, petit à petit, à faire des colères qui sont devenues un vrai problème, pour lui autant que pour les autres. À la suite d'une crise mémorable, Véronique, après mûre réflexion, a entamé un traitement efficace et original.*

Elle a descendu du grenier un vieil album de photos de famille poussiéreux que les enfants n'avaient jamais vu auparavant, et s'est installée avec David pour le regarder. Elle a désigné les plus vieux de la famille, le grand-père Léonce quand il était petit, le grand-oncle Alfred, le cousin Gaspard, racontant où ils vivaient et ce qu'ils faisaient. David regardait, fasciné, les visages ridés et les costumes anciens, tandis que Véronique faisait les commentaires : « Alfred était un brave homme, mais drôlement buté ;

Grand-Père avait un sale caractère quand il était petit, à ce qu'on dit. » Elle fit une pause, pendant laquelle David se demandait où elle voulait bien en venir. Véronique continuait simplement à tourner les pages. « M'man, il est devenu comment, son caractère ? – Oh, c'est parti en grandissant, j'imagine. Tiens, regarde, son équipe de foot... »

Puis les autres enfants sont rentrés, et Véronique leur a laissé l'album pendant qu'elle préparait le repas. Même s'il s'est parfois montré obstiné, David n'a plus jamais fait de crise. C'est parti en grandissant, j'imagine...

Je l'ai fait à ma façon – 6-12 ans

Ce qui permet à l'enfant de six à douze ans de naviguer dans le monde de l'école, des amis et de la vie en général, c'est sa connaissance de la manière dont les choses fonctionnent et des « règles de la vie ». Ces règles vont de « Si je partage mes jouets avec elle, elle sera aussi mon amie » à « Si je ne prends pas mon ciré, je serai mouillé, je risque d'attraper un rhume, et alors pas de patinoire ».

Les parents aident beaucoup en restant fermes sur les règles les plus importantes, mais aussi en discutant et en trouvant des compromis sur celles qui sont négociables. Ainsi, l'enfant apprend l'art des transactions, si important dans la vie d'adulte.

Discuter et argumenter avec l'enfant, surtout quand on n'est pas dans une attitude dominatrice mais authentiquement intéressée, aide le jeune à affiner sa pensée et à mieux comprendre les besoins des autres. Les parents doivent être particulièrement attentifs à leur propre bien-être, afin de pouvoir tenir ces débats et discussions tout en conservant leur attitude chaleureuse et leur bonne humeur.

Prêt à partir – 12-18 ans

Même si cela semble dur (mais peut-être vous réjouissez-vous), voici venu pour l'enfant le moment de s'éloigner de la famille, de revenir puis de s'éloigner à nouveau, dans le but de s'entraîner au grand saut dans la vie d'adulte. En réalité le jeune ne part pas, mais ses centres d'intérêt et ses énergies se projettent de plus en plus en dehors de la famille.

Les parents aussi doivent avoir leurs propres centres d'intérêt en dehors du « parentage », de façon à ce qu'ils ne soient pas tentés de dominer le monde de leur enfant, ni de s'y intégrer trop étroitement, ni de se servir de leur enfant pour remplacer une compagnie adulte. C'est important notamment pour le parent isolé.

Certains parents se plaignent, à ce stade, de n'être que des taxis, ce qui en dit long par ailleurs sur les transports publics (ou leur absence) et l'insécurité de nos rues la nuit. Au moins, faire le taxi offre de nombreuses occasions de communiquer.

Il se passe trois choses importantes :

• Le jeune progresse comme la marée, par vagues qui avancent et reculent. À un moment, il sera indépendant ; à un autre, il voudra qu'on le nourrisse et qu'on prenne soin de lui. Parfois, on sera impressionné tant il sera raisonnable ; parfois, il se montrera rebelle et chicaneur. Le fait de savoir que c'est ainsi que cela se passe rend les choses plus faciles à gérer. Malgré le ressac, la marée progresse.

• Sa sexualité est en plein épanouissement. Un jeune a besoin d'entendre dire que la sexualité est une chose bonne, bienvenue, saine, et qu'elle s'accompagne de responsabilités et de décisions à prendre. Les parents n'ont pas à jouer de leur séduction, ni à répondre à la séduction de leurs jeunes.

L'ÂGE BÊTE

Vers treize ans, la plupart des adolescents passent par un stade « bêta » assez confondant. Ce qui se passe en réalité, c'est que les hormones de la puberté sont en plein démarrage et que la brusque poussée de croissance désorganise leur système nerveux. Sachez en repérer les symptômes : un garçon d'habitude très alerte renverse le sucrier ; une fille part à l'école avec une seule chaussette. Souvent, on les croise plantés dans la maison, l'air absent, ne sachant pas où ils allaient ni pourquoi. Bref, l'enfant de douze ans parfaitement compétent devient, du jour au lendemain, un jeune de treize ans maladroit et paumé.

Si vous ne connaissez pas cette étape, vous pouvez en ressentir beaucoup d'irritation, ou penser que tous vos efforts n'ont servi à rien ! Mais restez patient et attentionné : c'est vrai qu'ils n'y peuvent pas grand-chose. Cette phase dure en général quelques mois. Tout ce que vous pouvez faire, c'est les suivre au fur et à mesure, dresser des listes avec eux, les assister dans leurs devoirs. Ne les reprenez pas trop. C'est aussi, quand on sait se montrer proche et affectueux, une phase sympathique et sereine. Bientôt, ils vont aborder les « quatorzièmes rugissants » ; alors, sachez profiter de l'accalmie !

• La dépendance va se rompre. Certains jeunes adultes se détachent facilement et progressivement, mais pas la majorité ! On peut comprendre que le jeune ait besoin de susciter et d'alimenter le désaccord afin de générer en lui l'énergie nécessaire pour rompre sa dépendance. N'en faites pas une affaire trop personnelle. Comme donner la vie, lâcher un jeune adulte dans la vie est un processus un peu douloureux, mais qui en vaut la peine.

LES ENFANTS ET LA TÉLÉVISION :
LE GRAND DÉBAT

La plupart des enfants regardent beaucoup la télévision. En fait, ils passent en moyenne plus de temps devant le poste qu'à l'école ! Ce n'est pas seulement le temps passé qui pose problème, mais le contenu de ce qu'ils regardent. À mi-parcours de l'adolescence, le jeune aura visualisé des dizaines de milliers d'incidents violents et des milliers de morts, sous forme de dessins animés ou de scènes réalistes, et ceci seulement pendant les heures d'audience enfantine.

Le grand sujet de préoccupation en ce qui concerne le contenu des émissions de télévision est la banalisation de la violence et la transmission de valeurs douteuses. On s'inquiète aussi de ce que les enfants perdent en la regardant : la télévision prend un temps qu'ils auraient normalement passé à courir, sauter, jouer, parler, lire et créer, s'ils n'étaient pas séduits par le flot hypnotique des images à l'écran.

Si vous êtes parent, je vous demande d'essayer seulement une chose : observer votre enfant pendant qu'il regarde la télévision. Vous serez peut-être un peu effrayé par l'expression qu'il arbore au bout d'un moment : regard fixe et vide, bouche entrouverte. Il est manifestement dans un état second : à aucun autre moment de sa vie vous ne le verrez dans un tel état d'absorption passive. Quand il lit, son esprit mouline vigoureusement tandis qu'il met les mots en images. Pendant qu'on le conduit en voiture, qu'il joue dans la cour, qu'il regarde un spectacle de cirque, il reste animé et interactif, « mâchant » le monde avec son cerveau. Mais, devant la télévision, il rejoint rapidement cet état au regard vide ; la part active de son cerveau est mise en veille. Regardez, et demandez-vous si ce que vous voyez vous plaît.

Les jeunes enfants sont particulièrement affectés par ce qu'ils voient à l'écran. Un soir, un petit de quatre ans séjournait chez nous et il est venu faire un câlin avant de se coucher. Nous regardions un spectacle comique. À ce moment-là est passé un sketch où l'on voyait la main d'une créature du genre E.T. qui sortait d'un placard. Elle refusait une poignée de chips, puis une sucette. Mais elle s'emparait de l'enfant qui les lui offrait, le happait dans le placard. Puis on entendait un rot sonore. C'était assez bien fait, sans réelle tension dramatique, avec un humour adulte décalé. Mais je regardai quand même le visage de l'enfant, juste pour voir, et je constatai qu'il serrait les dents.

« Est-ce que ça va, Benjamin ? »

« Va-t'en ! »

« Pourquoi es-tu fâché ? »

« Le garçon a été mangé ! »

Et il s'est mis à pleurer. Nous avons passé cinq bonnes minutes à le consoler en essayant de dédramatiser l'incident, touchés par la compassion de Benjamin, un peu honteux de l'avoir exposé à une souffrance inutile. Nous nous sommes demandé si c'était le début d'une longue série de cauchemars ! Mais des enfants plus âgés vont regarder des scènes horribles sans réaction apparente. Est-ce qu'ils sont désensibilisés ? Est-ce une mauvaise chose ? Bien sûr que c'est mauvais !

Recommandations

Si vous êtes un peu inquiet et souhaitez faire le tri dans ce que vos enfants regardent, voici quelques suggestions d'analyse :

Le langage : pas seulement les grossièretés, mais plutôt la qualité et la richesse des expressions. Voici un test simple : écoutez pendant une minute ou deux l'émission de votre enfant sans regarder les images, ou écoutez le dialogue depuis la pièce voisine. Est-ce le genre de langage que vous aimeriez voir votre enfant utiliser ? *Aargh ! Raaah ! Prends ça ! Tu vas voir !* etc.

L'imaginaire : certains enfants ne jouent toujours qu'aux mêmes jeux : tirer avec une arme imaginaire, crier, frapper.

C'est peut-être parce qu'ils ne regardent qu'une gamme restreinte d'émissions. On peut facilement leur proposer un éventail plus large : programmes éducatifs et documentaires sur la nature sont souvent excellents, vous pourriez les regarder vous-même ! Certains films et émissions destinés aux enfants sont sensationnels et sont autant de stimulations pour leur imagination, leur réflexion, leur curiosité.

Les valeurs : c'est-à-dire les messages cachés véhiculés par l'émission ; ils exercent un pouvoir important sur l'enfant parce qu'ils sont pour l'essentiel inconscients. Voici de « fausses valeurs » rencontrées fréquemment dans les émissions enfantines :

1. Les gentils et les méchants : il y a des gens qui sont mauvais. Ils ont de grosses voix et une drôle de tête. Ils sont tous mauvais. On a le droit de les tuer. D'autres sont gentils. Ils sont beaux à regarder et n'ont pas de signe particulier.

2. Le conflit arrive toujours à cause des méchants, qui se comportent injustement. Les gentils s'occupent de la vengeance. On a le droit de faire mal aux méchants pour ce qu'ils ont fait. La vengeance est une bonne chose. Pas de négociation, pas de compromis. Il n'y a pas de discussion, ni d'échappatoire possible au conflit. C'est l'action, la plus violente possible, qui est la seule réponse au conflit.

3. Les rôles sexuels : on retrouve là des valeurs qui devraient avoir disparu. De *Superman* à *Rambo,* les filles sont charmantes et jolies, ont des voix aiguës et ont besoin d'être secourues. Le domaine des garçons et des hommes, ce sont les armes et l'action. Ce sont eux qui pilotent le vaisseau spatial, qui prennent les décisions, qui secourent les filles. Et ils ne pleurent pas. Jamais !

La publicité : les émissions sont-elles produites par des fabricants de jouets, qui font ainsi pendant une demi-heure l'article pour leurs produits ou leurs accessoires ? Les publicités sont-elles toutes pour des friandises ou des jouets à la mode et à prix gonflé ? Est-ce que ça ne vous coûterait pas moins cher de bloquer les programmes sur une chaîne éducative ?

Les nouvelles : ne pas confondre nouvelles et éducation. Il s'agit de plus en plus d'une forme de divertissement, et elles donnent souvent une vision distordue et irréaliste du monde. Elles ne sont pas adaptées à des enfants en âge d'école primaire. Nous pensons que, dans leur forme actuelle, elles n'apportent pas grand-chose aux adultes non plus. Regarder les nouvelles peut rendre paranoïaque et dépressif, en tout cas mal informé du monde dans lequel nous vivons.

Et la télévision éducative ?

Les études montrent que des programmes bien conçus (comme *C'est pas sorcier*) fonctionnent beaucoup mieux si les parents les regardent de temps en temps avec leurs enfants, rentrent dans le jeu, font des commentaires et, de manière générale, aident leurs enfants à « participer » à l'émission, évitant ainsi le syndrome du regard vide dont nous avons déjà parlé. Les producteurs de ce genre d'émission y apportent délibérément des touches d'ironie ou d'humour plus subtil pour intéresser le spectateur adulte. Certains concepteurs d'émissions invitent aussi délibérément des vedettes pour s'assurer qu'une partie des parents vont regarder l'émission avec leurs enfants.

En bref

On trouve de nombreuses émissions bien faites pour les enfants. Les *Minikeums* ont rencontré un franc succès parce que les présentateurs ne « bêtifiaient » pas avec leurs jeunes spectateurs mais LEUR PARLAIENT, de telle façon que les petits réagissaient souvent en dialoguant avec la télévision ! Une des raisons du succès de l'*Inspecteur Gadget* est sans doute que le véritable héros est une *héroïne*, une gamine audacieuse et futée.

Aujourd'hui, beaucoup de parents font attention à ce que leurs enfants regardent, en quantité comme en qualité. Ils accordent une heure de télévision par jour et négocient chaque émission. Cela encourage les enfants à programmer, à faire le tri et à savourer « leurs » émissions au lieu d'emmagasiner un flot continu d'images.

Les parents sont de plus en plus nombreux à décider de ne pas avoir de télévision du tout, jusqu'à ce que leurs enfants soient d'âge scolaire. Ou alors de la restreindre à un ou deux documentaires sur la nature, uniquement les jours où papa et maman souhaitent s'évader.

COMMENT STOPPER LES PLEURNICHARDS

Avez-vous remarqué comme certains adultes ont une voix agréable ? Et que certains enfants ont des voix mélodieuses et claires qu'on écoute avec plaisir ? Et aussi que rien n'est plus pénible à l'oreille qu'un enfant toujours en train de « chouiner » et de se plaindre, geignant d'une voix nasillarde : ouin-ouin, gnangnan et compagnie ?

Savez-vous que le ton de voix que nous employons, enfants et adultes, n'est qu'une simple habitude ? Une habitude de la voix certes, mais aussi une attitude face à la vie ! Ces gémissements proviennent de la face « pathétique » de notre personnalité, qui voudrait que les autres prennent en charge tous ses problèmes, qui n'est jamais satisfaite, qui adore se plaindre. Chaque fois que nous prenons un ton plaintif, nous ressentons réellement de la pitié pour nous-mêmes. Si on n'empêche pas un enfant de « chouiner », il deviendra un adulte geignard. Derrière chaque mari râleur, derrière chaque femme plaintive, il y a un parent qui a cédé face à un pleurnichard. Mais ces gémissements peuvent s'arrêter du jour au lendemain ! Voici comment faire…

D'abord, il faut comprendre comment le processus s'enclenche. Rien de plus simple. Un enfant demande quelque chose, d'abord calmement, puis plus fort. Nous répondons négativement ou nous nous taisons. Il passe alors à la phase deux et se lance dans la plainte totale. La première fois, c'est sans doute par hasard ; il découvre un ton de voix auquel on ne peut rester indifférent ! Souvent, on va lui céder, juste pour retrouver un peu de calme et de paix. Avant même qu'on s'en rende compte, on se retrouve avec un « chouinard » !

Que faire alors ?

1. DITES-LE-LUI. La prochaine fois qu'il commence à geindre, regardez-le en face. Puis demandez-lui directement : « Prends une voix normale s'il te plaît. »

2. APPRENEZ-LUI COMMENT. Cherchez à savoir s'il sait vraiment comment baisser le ton, trouver une voix plus ferme, moins aiguë. Faites-le s'entraîner jusqu'à ce qu'il trouve le ton juste. Faites-lui une démonstration pour qu'il voie bien ce que vous voulez dire.

3. RESTEZ FERME. Entrez en campagne. Dès qu'il geint pour quoi que ce soit, dites-lui : « Prends une voix normale. » Vous êtes en train de lui faire comprendre que geindre n'est pas normal, pour lui comme pour qui que soit d'autre. Assurez-vous qu'il obtient ce qu'il désire en en faisant la demande de façon plus positive.

Bien sûr, s'il prend un ton de président de la République, vous n'êtes pas obligé de céder si cela ne vous convient pas. L'enfant doit toujours apprendre que non, c'est non. « J'ai bien aimé ta façon de me demander un biscuit, mais désolé, pas avant le dîner. »

8
L'ÉNERGIE, ET COMMENT
L'ÉCONOMISER

*La bonne nouvelle : vos enfants ont besoin
de vous heureux et en bonne santé.*

J'ai vécu quelque temps dans un village côtier de Papouasie-Nouvelle Guinée. Là-bas, les enfants ne vivaient pas avec leurs propres parents, mais circulaient de maison en maison comme ils le désiraient. On voyait des enfants de dix ans portant des bébés ou chargés de veiller au feu sous les marmites. À l'âge de quatorze ans, ils effectuaient avec assurance et fierté des tâches d'adultes. Comme j'étais le « phénomène » le plus récent et le plus intéressant du village, j'avais une douzaine d'enfants qui dormaient sous ma véranda. Si la diarrhée tropicale me frappait au cœur de la nuit, je devais frayer mon chemin à travers un tapis de petits corps bruns !

Il m'est venu à l'esprit qu'être parent à cet endroit était bien facile puisque la charge et le plaisir du « parentage » étaient partagés par le village tout entier. En fait, chacun des adultes présents était *un parent*.

Dans notre société, le « parentage » n'est pas partagé et on ne peut pas laisser sans danger les petits enfants circuler dans la communauté.

Alors, nous nous croyons facilement obligés de devenir « Superparents » et, d'une façon ou d'une autre, de répondre à tous les besoins de nos enfants : animation, éducation, amour, affection, nourriture, boisson, sécurité, habillement, propreté. Si vous êtes celle/celui qui reste à la maison avec les enfants, vous vous sentez hyper-domestiqué(e), cloué(e) à la maison, et la compagnie des adultes vous manque cruellement. Si vous êtes celui/celle qui sort gagner de l'argent, vous avez l'impression d'être un galérien, avec trop peu de vie familiale et trop peu de temps à la maison. Pas étonnant que nombre d'entre nous, surtout si nous avons deux (ou plus) enfants de moins de cinq ans, soient presque en permanence épuisés, irritables, frisant la crise de nerfs.

Quand nous nous sentons bien, en bonne compagnie, en bonne santé et reposés, nous pouvons « donner » à nos enfants, et y prendre plaisir. Mais si nous nous sentons fatigués, malades, seuls et débordés, il arrive un moment où l'enfant devient une menace, un adversaire dans la lutte pour la survie. Cette situation peut facilement devenir dangereuse pour vous, votre couple et la sécurité de vos enfants.

Les parents surmenés finissent par atteindre un point au-delà duquel ils ne peuvent plus se comporter en parents. Il est vital d'apprendre à prendre soin de soi : c'est à ce prix seulement que vous serez un bon parent. Vos enfants ont besoin de vous heureux et en bonne santé. Nous allons vous montrer comment l'être et le rester.

NOUS AVONS TOUS BESOIN
DE CARBURANT

Il m'arrive souvent de parler avec des parents qui ne comprennent pas pourquoi ils n'arrivent pas à faire face. Ils exigent d'eux-mêmes une performance surhumaine, sans se rendre compte que nous autres, humains, avons besoin de carburant. Nous ne marchons pas seulement à la calorie : nous avons besoin d'énergie sous forme d'amour, de reconnaissance, de contacts physiques et de conversations.

Chacune des personnes à qui vous parlez, ou que vous rencontrez, soit vous prend de l'énergie, soit vous en donne. C'est pourquoi nous disons de certaines personnes qu'elles nous « pompent ». C'est aussi la raison pour laquelle nous redoutons certains coups de téléphone ou faisons une heure de trajet juste pour voir une personne qui nous fait du bien.

Les enfants peuvent nous donner de l'énergie, mais, pour l'essentiel, il est juste et naturel que ce soit nous qui les *rechargions*. Cependant, si nous sommes leur unique source de ravitaillement et si nous nous asséchons, forcément quelque chose tourne mal.

Réfléchissez un moment. Où en est votre jauge énergétique, là, tout de suite, pendant que vous lisez ce livre ?

Êtes-vous à la limite de la panne sèche ?

Souvent, nous traitons notre corps comme nous traitons notre voiture : on n'en met que pour dix euros, on use les pneus jusqu'à la corde et on laisse traîner les révisions !

Observez les personnes de votre entourage et analysez comment elles remplissent ou pompent vos réserves d'énergie. Parfois, les gens se rendent compte que leurs « amis » sont tout bonnement en train de leur « dérober » de l'énergie, sans rien rendre en retour. Il est grand temps de se faire de nouveaux amis ! Des gens qui autrefois nous faisaient du bien (y compris les parents !) peuvent aujourd'hui n'être qu'une source de sentiments négatifs. Si vous le désirez, vous pouvez modifier votre mode d'interaction avec les gens, de façon à aller au contraire vers des échanges plus positifs.

« Salut, chérie ! Ma semaine a été horrible ! »

« Moi, ça s'est bien passé. Laisse-moi te raconter. »

« Bon sang, on n'a eu que des soucis au bureau aujourd'hui ! »

« Bon, je pourrais t'écouter. Mais est-ce que tu ne préférerais pas parler de nos prochaines vacances ? »

C'est une stratégie efficace. Appliquée avec bonne humeur, elle bénéficie aux deux interlocuteurs.

Une fois, avec un groupe de vingt jeunes parents, j'ai passé quelques heures à dresser une liste de la façon dont ils pouvaient « remplir leur réservoir ». Nous avons trouvé pas mal de bonnes idées :

- Prenez une baby-sitter.
- Apprenez à être ennuyeux avec vos enfants, comme cela ils vous laisseront en paix un moment.
- Passez dix minutes avec votre partenaire quand il ou elle rentre à la maison après le travail ; échangez de *bonnes nouvelles* ou restez simplement ensemble. Si les enfants sont tranquilles à l'écart, ils peuvent être présents ; sinon, envoyez-les dans une autre pièce.
- Consacrez tous les jours une demi-heure de *complète attention* à vos enfants, au lieu d'heures entières de semi-attention sans grande conviction. Laissez les enfants planifier le programme et savourer à l'avance ce que vous allez faire ensemble pendant *leur* demi-heure.
- Apprenez à vous *déconnecter* confortablement, de manière à vous détendre et à cultiver des pensées

agréables en faisant le ménage, en allant au travail, etc.

- Faites-vous de temps à autre les petits plats que vous aimez au lieu de toujours manger des menus pour enfants.
- Écoutez *votre* musique.
- Passez beaucoup de temps avec d'autres parents.
- Soyez clair dans votre attente vis-à-vis de votre partenaire : affective, sexuelle, ou simplement de la compagnie. Essayez de comprendre les attentes de l'autre lorsqu'elles se présentent et de vous y conformer. Si, quand vous êtes tendu, vous ne faites d'habitude que parler, essayez les massages ! Si, d'habitude, vous privilégiez le contact physique, essayez de discuter.
- Pratiquez régulièrement, juste pour vous, une activité qui n'a rien à voir avec le fait d'être parent, une *activité d'adulte*.
- Ayez sous le coude un bon livre pour vous évader et vous détendre le soir au coucher ou en milieu d'après-midi.
- Utilisez toutes les sortes d'aide et de soutien que vous trouvez : associations locales, centres de Protection maternelle et infantile, centres de remise en forme (de préférence de type associatif, non lucratif et chaleureux), clubs de sport, jardins d'enfants et crèches, cours de formation pour adultes, etc.
- Servez-vous des crèches et des gardes coparentales pour avoir du temps pour vous, et pas seulement pour foncer au travail ou faire les courses !
- Apprenez à dire « Vive le bazar ! » et laissez tomber pendant quelques… années votre idéal de maison rangée (vous pouvez toujours laisser traîner un aspirateur dans l'entrée et dire aux visiteurs : « Ah ! J'allais juste me mettre au ménage ! »).

- Ayez dans votre maison des zones à l'épreuve des enfants, sans objets de valeur, où meubles et revêtements sont faciles à nettoyer. Cela permet d'économiser chaque jour toute l'énergie gaspillée en milliers de « *Non ! Ne fais pas ça !* ».

- Ayez aussi dans la maison des zones belles et soignées (ne serait-ce que votre chambre) où les enfants n'ont pas le droit d'aller : vous disposez ainsi d'un refuge agréable.

- Discutez, gérez vos problèmes, préparez vos projets dans le salon, assis face à face, en ayant mis les enfants à l'écart. Ne faites pas de votre lit le creuset des problèmes. Il est réservé à de meilleures fonctions.

Dans certains cas, quand le nouveau-né et sa mère font connaissance, le lien ne se fait pas bien. Change et repas deviennent une lutte au cours de laquelle la maman et le bébé restent tous les deux tendus et malheureux. Je connais un hôpital qui a mis en œuvre un programme d'une simplicité magnifique pour renouer ce lien, symbole de tout le processus de « parentage ». L'équipe s'est rendu compte que la mère et le bébé étaient pris dans un cercle vicieux. Ils répondent au problème en faisant asseoir la mère sur un pouf, le père étant assis derrière elle sur une chaise. Le père masse longuement et doucement les épaules de la mère pour lui permettre de se détendre. La mère tient l'enfant et le caresse ; elle peut aussi l'allaiter. Si la mère est seule, alors un homme de l'équipe se charge de la masser. Si le père est tendu ou embarrassé, un kinésithérapeute peut même se tenir debout derrière lui et lui masser les épaules. La nature unique du contact physique, qui à la fois donne de l'énergie et rassure, permet aux humains de se décontracter et de sortir des schémas de tension. On oublie si souvent qu'un bon massage… vaut mieux que tous les tranquillisants !

MAIS JE N'AI PAS DE TEMPS POUR MOI !

Les parents les plus victimes du stress sont ceux dont le niveau d'exigence est très élevé et qui relèguent leurs propres besoins en fin de liste. « Mais, docteur, je ne comprends pas. Je venais juste de retapisser la chambre d'amis et de finir la pièce montée pour la fête de Thomas quand j'ai eu cet affreux mal de tête. Est-ce que vous pourriez me donner quelque chose ? Il faut que je me dépêche de rentrer pour finir la robe de danse de Dorothée. »

En réalité, votre rôle de parent se résume à trois responsabilités simples. Les voici, par ordre d'importance :

- Prenez soin de vous
- Prenez soin de votre couple
- Prenez soin de vos enfants.

Autrefois, on pensait que pour être parent, il fallait faire d'immenses sacrifices et devenir une carpette. Il n'est pas surprenant que tant de gens choisissent aujourd'hui de ne pas avoir d'enfants du tout. On entend ces mêmes personnes qui considéraient le « parentage » comme une forme de déni de soi, s'exprimer avec des : « Après tout ce que j'ai fait pour toi » et « Nous vous avons donné les meilleures années de notre vie ». Ils essaient de récupérer, via la culpabilité, une dette qui est le seul fruit de leur imagination. Pourtant, le « parentage » est en fait quelque chose que l'on fait pour soi.

Donc, prendre soin de soi, de son couple et de ses enfants : trois attitudes qui vont de pair. S'occuper de soi-même rend plus heureux, plus prêt à donner : on donne par choix, on donne parce qu'on est épanoui soi-même.

Vous occuper de votre couple vous rappellera que vous êtes un adulte séduisant et de valeur, pas seulement une garde d'enfants ou un gagne-pain aux yeux de votre partenaire. Vous bénéficierez d'un sentiment de stabilité qui vous permettra de vous détendre, mais vous serez aussi ouvert(e) à l'évolution et au changement pour rester intéressé(e) et séduit(e) par votre partenaire.

S'occuper de ses enfants découle naturellement de cette attitude : si vous sentez que le « parentage » est un de vos choix personnels parmi d'autres objectifs, si vous prenez soin de vous et si vous avez un couple et des amis qui vous soutiennent et vous rappellent votre propre valeur, alors « donner » à vos enfants viendra naturellement. Votre réservoir sera souvent plein et vos enfants n'auront pas besoin d'acheter compulsivement pour être rassurés ! Amen.

ÉCONOMISER L'ÉNERGIE
AVEC LE « NON SOFT»

Jérémie a deux ans et demi, et c'est un sacré personnage. Apparemment, il maîtrise bien l'affirmation de soi du tout-petit, et réclame à cor et à cri jusqu'à ce qu'il se passe quelque chose : avoir une glace pour le petit déjeuner, couper une conversation téléphonique de maman, récupérer ce jouet qui brille à la caisse du supermarché.

Heureusement, Aline, sa mère, commence à savoir comment gérer l'affaire. D'abord, elle sait qu'il s'agit d'une étape normale du développement d'un enfant de l'âge de Jérémie et que cela ne durera pas éternellement. D'autre part, elle vient juste de maîtriser la technique du « non soft » et elle est imbattable !

Elle voit d'autres mères lutter avec leurs petits de deux ans et se faire emporter dans une spirale de tension nerveuse.

Pensant qu'elles doivent en faire plus pour gagner face à leur petit qui crie, rouge de colère, les mères ressentent vite exaspération, tension et malaise.

Aline, elle, s'y prend différemment. Elle dit simplement non, très doucement (sachant que les petits ont une excellente oreille). Si Jérémie insiste, elle le répète, aussi doucement, et en même temps relâche ses épaules et détend tout son corps (un truc qu'elle a mis plusieurs heures à maîtriser). Si Jérémie crie, notamment dans un lieu public, elle s'imagine en pensée l'emportant *manu militari* dans la voiture. En même temps, elle se relaxe et sourit intérieurement. Elle contrôle ses propres émotions au lieu de laisser le petit Jérémie les contrôler à sa place. De temps en temps, la tentation de lui crier dessus refait surface, mais le fait d'imaginer combien il savourerait sa victoire la fait rapidement disparaître.

Maintenant qu'Aline maîtrise la technique du « non soft », Jérémie cesse de jouer les « harceleurs ».

L'ALIMENTATION ET LE COMPORTEMENT DES ENFANTS

Si on vous disait que cela les aiderait à très bien se débrouiller à l'école, à être calmes, heureux en eux-mêmes et deux fois plus agréable pour leur entourage, est-ce que vous modifieriez l'alimentation de vos enfants ? Bien sûr, vous le feriez. On pense qu'un mauvais régime alimentaire est un facteur important de délinquance juvénile ; le saviez-vous ? Et savez-vous qu'un changement de régime peut vous aider à vous sentir mieux, à avoir plus d'énergie et, peut-être, en mangeant les mêmes quantités, à éviter de prendre trop de poids ?

Il importe parfois de revenir aux notions élémentaires. Rien n'est plus basique que la nourriture. Ce que nous donnons à manger à nos enfants, ainsi que le moment où nous le faisons, provoquent chez eux de réels effets.

Voici quelques idées simples sur l'impact psychologique de l'alimentation :

1. OPTEZ POUR DES ALIMENTS QUI APPORTENT UNE ÉNERGIE LENTE. L'alimentation a deux objectifs. Elle apporte des nutriments pour la croissance et les « réparations » de notre corps ; et elle nous fournit de l'énergie pour nos activités physiques et mentales. Aujourd'hui, la plupart des gens proposent à leurs enfants un ensemble d'aliments formant un régime nourrissant. Mais il est important de fournir une nourriture énergétique : des sucres lents et des aliments protéiniques qui apportent de l'énergie pour toute la journée. Ce genre de régime prévient la fatigue, permet d'être attentif, aide les enfants à se sentir équilibrés et à l'aise. Chaque jour, au petit déjeuner, tout le monde – mais les enfants surtout – a besoin de sucres lents (céréales complètes), d'aliments à haute teneur en protéines et peut-être d'aliments frais comme des fruits.

2. Mangez avant d'en avoir besoin. Oui au petit déjeuner !
Ce repas va fournir de l'énergie tout au long de la journée. Manger une nourriture substantielle l'après-midi
ou le soir peut être nourrissant pour vous et vos enfants,
mais l'apport d'énergie sera gaspillé. Prendre son principal repas juste avant de se lancer dans ses activités quo-
tidiennes évite aussi l'obésité. Les calories passent
directement dans le flux sanguin pour répondre à la
demande. Si des enfants ou des adultes prennent un
gros repas dans la soirée, pour ensuite rester assis ou
aller se coucher, les calories vont s'ajouter à leurs
réserves de graisse. En mangeant tout autant, mais en
modifiant le MOMENT des repas, on verra s'atténuer les
problèmes de poids.

Pourquoi ne pas faire une expérience ? Donnez tous les
jours pendant deux semaines à vos enfants, au petit
déjeuner, des aliments protéinés, œufs, lait de poule,
viande ou poisson. S'ils protestent qu'ils n'ont pas faim
à cette heure, donnez-leur moins au repas du soir la
veille ! Constatez vous-même combien ils semblent plus
à l'aise et heureux à la maison et à l'école.

3. Évitez les sucres rapides. Le sucre et les aliments raf-
finés qui en comportent ont un effet visiblement déplai-
sant sur le comportement des enfants. Quelques
minutes après avoir avalé ces aliments à libération énergétique rapide, beaucoup d'enfants se retrouvent simplement avec un trop-plein d'énergie. Cela les rend
nerveux, hyperactifs et franchement pénibles. Les ana-
lyses sanguines montrent que cette décharge d'énergie
atteint vite le sommet de la courbe, puis le taux de sucre
sanguin de l'enfant chute au-dessous du niveau de
départ, tandis que le corps lutte pour s'adapter. Ainsi,
l'enfant a un « coup de barre » en milieu de matinée,
durant lequel il ne peut pas se concentrer et se montre
paresseux et inattentif.

4. ÉVITEZ LES ADDITIFS, colorants et conservateurs. Les additifs et les colorants alimentaires ont des effets complexes et variables suivant les individus.

Vous pourrez constater ce à quoi votre enfant réagit, mais notez que certains aliments posent problème à presque tous les enfants. Nous avons déjà parlé du besoin de réduire la quantité de sucre dans l'alimentation, notamment au petit déjeuner et au repas de midi. Présente dans les aliments colorés en jaune, la tartrazine (E102) peut provoquer des heures d'hyperactivité impressionnante chez les enfants. Les phosphates, présents dans les aliments industriels comme les hot dogs, les hamburgers, les fromages en portions, les soupes et les crèmes instantanées, sont aussi dans le collimateur des chercheurs.

La solution la plus simple et la plus efficace consiste à donner à l'enfant une nourriture correcte plus tôt dans la journée, de façon à ce qu'il n'ait pas plus tard une fringale de friandises. De même, si votre enfant se rend à une fête chez des gens qui en sont restés aux années 1950 en matière de régime (sodas sucrés, gâteaux, glaces, sucettes !), faites-le manger avant de partir pour limiter les dégâts !

N'entrez pas dans de grands conflits de pouvoir autour de la nourriture. Limitez simplement les choix à des aliments plus nourrissants, et la faim fera le reste ! Réservez en option les friandises, à titre occasionnel.

ANNEXE

*Comment intervenir si vous êtes professeur, responsable
politique, grand-parent, voisin ou ami.*

VOUS ÊTES INSTITUTEUR :

Comment contrer la programmation négative des enfants de votre classe

Quand l'enfant arrive en maternelle, vous pouvez déjà
clairement détecter une « programmation négative ». En
voici les signes :

- l'enfant se tient à l'écart des autres, a l'air triste ou
  agité et ne répond pas aux ouvertures amicales des
  autres ;
- l'enfant suit le mouvement, mais, confronté à une
  tâche ou à une activité d'apprentissage, n'en fera pas
  l'essai et aura l'air craintif ou affolé si on cherche à
  l'approcher individuellement ;
- l'enfant frappe les autres enfants et réagit de manière
  inadaptée quand on s'adresse à lui (par exemple en
  riant quand on le gronde) ; il ne semble pas avoir
  d'échanges positifs avec les autres enfants.

Peut-être trouverez-vous dans votre classe des enfants qui entrent dans une de ces catégories ou présentent une combinaison des trois.

Pour faire simple, observons tout à tour les trois comportements.

L'enfant triste et isolé

Il est extrêmement utile de prendre conscience que ce genre d'enfant a manqué d'affection et n'a pas reçu assez d'encouragements ni de reconnaissance au début de sa vie (0-2 ans). Il a besoin de messages positifs qui ne soient pas liés à la performance, de simples notations lui montrant qu'il existe : « Bonjour Éric, content de te voir ! » Tout en veillant bien à ne pas le distinguer des autres, un contact physique ou un câlin amical lui donneront aussi de l'assurance.

Ce type de stratégie, dispensée sur des jours ou des semaines, devrait aboutir à la détente visible de l'enfant, à une aisance accrue dans la classe et à sa capacité à initier lui-même les contacts avec vous, vous montrer son travail, vous sourire quand vous observez la classe, vous parler, etc.

L'enfant qui se critique lui-même et qui renonce

Ce type d'enfant a peut-être obtenu des réponses à ses demandes au début de sa vie, mais a été rabaissé verbalement de manière systématique dès qu'il a su écouter (c'est-à-dire très, très jeune). Ce schéma survient fréquemment quand la maman a un second enfant et commence à critiquer verbalement le premier.

Beaucoup de parents, surtout s'ils ont eux-mêmes des difficultés, rabaissent naturellement leurs enfants presque chaque fois qu'ils leur adressent la parole. Quand on leur demande pourquoi ils n'essaient pas de s'attaquer à une nouvelle tâche, ces enfants (sans doute plus d'un sur dix) diront des choses comme : « Je suis stupide », « Je suis incapable », « Je suis une nouille ».

Le remède va vous paraître évident : offrir systématiquement à ces enfants des affirmations positives. L'idéal serait de leur envoyer des messages positifs, à la fois pour leurs performances et pour eux-mêmes. Par exemple : « Tu l'as vraiment très bien fait », « J'aime bien les idées que tu as pour la peinture » en même temps que : « Je suis contente de te voir ce matin ! » ou tout simplement : « Bonjour, Zoé ! ». N'en faites pas trop cependant : pour être tolérés, vos commentaires doivent rester paisibles et modérés.

Vous devez vous efforcer d'éviter de rabaisser ce type d'enfant (qui peut en être demandeur !) et d'utiliser, pour l'autorité, des affirmations plutôt que des messages « Tu ».

Par exemple, dites « Va chercher ton sac maintenant ! » plutôt que : « Anne, tu oublies toujours tout ! ».

Mais, pour que l'effet soit vraiment durable, il faut aussi aider les parents. S'ils viennent à l'école, vous découvrirez sans doute qu'ils sont fatigués et débordés, probablement aigris et sur la défensive. La meilleure approche, pour vous, sera peut-être d'entamer une conversation banale et amicale avant d'aborder le sujet, plutôt que d'attaquer directement par : « Votre enfant pose problème ! »

Vous pouvez leur expliquer simplement que vous avez remarqué que l'enfant n'a pas assez d'estime de soi, qu'il ou elle semble hypersensible aux paroles abaissantes et avoir besoin de plus de compliments.

Les parents d'enfants de ce type sont ceux qui gagneraient le plus à lire ce livre. Et si vous le leur prêtiez ?

L'enfant qui agresse les autres et ricane de vos remarques

J'ai gardé celui-là pour la fin ! On « approche » mieux cet enfant si on comprend qu'il a été « branché » d'entrée de jeu sur une culture négative : il a été à la fois traité de manière rude et habitué, par l'exemple, à un mode de relation basé sur l'agression. Il y a un risque fort que ses parents se battent régulièrement, sinon en actes, du moins en paroles.

Il est évident que l'enfant ne *choisit* pas l'agression comme mode d'interaction avec son entourage : c'est sans doute la seule façon d'agir qu'il connaisse.

Il est très important aussi de savoir qu'au début, ce genre d'enfant ne réagira pas à la chaleur humaine ou au compliment (mais cela vaut la peine d'essayer).

Le professeur doit en premier lieu établir un lien grâce à un mode que l'enfant puisse entendre : celui de l'engagement ferme. À utiliser, bien entendu, sans abaisser l'enfant.

Par exemple, au cours des premières semaines, vous devez réagir par une approche ferme, mais amicale, et des demandes claires en matière de comportement : « Arrête de faire ça tout de suite, et viens ici prendre un livre », « Assieds-toi maintenant et commence ton dessin ».

La bonne manière d'établir une relation valable et positive avec un enfant agressif est d'insister, fermement, sans se mettre en colère ou s'irriter. Le regard direct dans les yeux, avec un peu d'humour derrière, tout en accentuant la fermeté, montrera que vous êtes assez fort pour maîtriser l'enfant : il ou elle peut alors se détendre.

Une fois ce lien établi, on peut ajouter des messages positifs en réponse à des actes positifs. C'est différent de ce qu'auront sans doute fait les parents : ne remarquer l'enfant que lorsqu'il fait des bêtises.

Ces enfants sont souvent sensibles au fait d'avoir un rôle particulier, par exemple « ramasseur de matériel », leur offrant une responsabilité et des privilèges authentiques. En développant avec vous une amitié – l'art d'échanger des messages positifs –, ils développeront la capacité d'en faire autant avec les autres enfants.

VOUS ÊTES PROFESSEUR DANS LE SECONDAIRE

Au collège, on repère très facilement les enfants programmés négativement. Mais la nature même de l'institution peut parfois aggraver cette programmation.

Souvent, les collèges ressemblent tellement à des usines que les jeunes ont l'impression d'être des élèves anonymes, faisant ce qu'on leur dit de faire et produisant des copies.

Les établissements ont souvent de gros effectifs (plus de 1 000 inscrits pour certains, alors que selon les chercheurs, l'idéal serait 300 à 400). Les élèves ne sont pas sur leur propre territoire, puisqu'ils changent de salle et parfois de groupe de référence, pour les langues par exemple. L'enseignement est impersonnel, les enseignants nombreux. Ils ont tellement d'élèves qu'ils ont parfois du mal à connaître leur nom, à défaut de faire attention à chacun.

J'ai découvert dans mon travail que les jeunes rencontrent quatre difficultés majeures dans le secondaire : la charge de travail ; les sarcasmes et les paroles blessantes des professeurs ; la solitude ; les paroles négatives et la violence des autres élèves. Nous parlerons ici des trois dernières.

Quand j'étais adolescent, je fréquentais un lycée de la baie près de Melbourne. À sa tête se trouvait un duo (j'ai découvert plus tard qu'il était assez représentatif) formé d'un proviseur gentil, mais inefficace, et d'un adjoint qui était une vraie brute.

Un jour, j'ai vu un jeune se faire éjecter du bureau du proviseur adjoint et atterrir sur le dos dans les casiers du mur d'en face, sans toucher terre entre les deux. Cet enseignant avait des traits de personnalité qui m'amèneraient aujourd'hui, en tant que professionnel dans ce domaine, à demander sans hésiter son internement ! Heureusement, les choses se sont améliorées depuis cette époque.

Un autre épisode qui a marqué mon expérience du secondaire, c'est le sort d'un bon copain qui nous dépassait tous de plusieurs têtes du point de vue scolaire. En dernière année, il a obtenu d'excellentes notes et a obtenu une bourse pour l'université. Malgré cela, insatisfait de sa performance à l'examen, il s'est tiré une balle dans la tête. Quatre jeunes se sont suicidés dans cet établissement pendant que j'y étais. Le champion de natation du lycée s'est retrouvé en prison après un combat sans issue contre la drogue. Il y a eu aussi des professeurs merveilleux, des excursions mémorables et beaucoup de camaraderie. Mais tout de même, la vie au lycée laissait beaucoup à désirer.

Les sarcasmes et les paroles blessantes des enseignants

Ce sont des symptômes de mal-être et de frustration de la part des professeurs. Hors du monde de l'enseignement, rares sont ceux qui se font une idée juste du stress et de la difficulté d'enseigner dans les collèges et les lycées en ce début de siècle. Les professeurs arrivent en très bonne position pour ce qui est des maladies physiques et nerveuses liées au travail.

Un établissement vaste et anonyme n'est pas plus accueillant pour le professeur que pour l'élève. Perfusé par les ruptures familiales, ses propres difficultés et la menace endémique du chômage, l'enseignement secondaire est souvent menaçant physiquement, harassant au plan émotionnel, à moins que des efforts innovants et très concertés ne soient faits pour humaniser l'environnement scolaire.

Le sarcasme et l'attaque verbale émanant du professeur sont motivés par deux raisons. La première est que l'enseignant relâche simplement la vapeur : s'il était plus heureux en tant que personne, cela n'aurait pas lieu, tout simplement. La seconde, c'est que contrôler les jeunes exige une attention constante : le sarcasme aide à les tenir, du moins à court terme.

Accordez-moi un dernier argument. Il nous arrive à tous de temps en temps de perdre notre sang-froid et nos paroles dépassent alors notre pensée. Les enfants peuvent gérer cela. Ce sont les remarques malveillantes répétées qui blessent. Si, fondamentalement, vous n'aimez pas les enfants et n'appréciez pas leur compagnie, s'il vous plaît, ne devenez pas professeur.

La solitude aussi est endémique dans les établissements scolaires. Quand on observe attentivement la cour ou les couloirs pendant les pauses, on aperçoit certains jeunes visiblement isolés ; et d'autres qui gravitent autour de clans ou de groupes d'élèves, mais de manière vague, à la traîne, rarement en interaction avec les autres.

Les garçons sont plus tolérants avec ceux qui se collent à leur groupe. Les filles ont tendance à intégrer ou à exclure de manière plus décisive. C'est pourquoi vous verrez des duos ou des trios de filles qui restent ensemble juste par solitude mutuelle, parfois sans même échanger quelques mots.

La solitude

Vous remarquerez que, dans vos classes, certains enfants ne possèdent même pas les éléments de base nécessaires à une conversation simple. Si on leur parle, ils réussissent à bafouiller un mot ou deux. Ils n'auront jamais, sans assistance, l'initiative d'un dialogue. Ce n'est que depuis peu que certains professeurs de langue et animateurs de théâtre commencent à développer ce savoir-faire vital.

L'enfant isolé tend à passer inaperçu. En fait, ses compagnons plus bruyants et agressifs s'en sortent mieux : au moins, ils récupèrent une partie de l'attention qu'ils recherchent. Il sera peut-être nécessaire de s'y prendre à deux fois pour repérer les isolés et les muets. Il y en a sûrement.

Si vous souhaitez accorder une « priorité » aux quelques (un ou deux) enfants solitaires de chaque classe, en entrant délibérément en contact avec eux et en montrant de l'intérêt pour leur travail, sans toutefois focaliser l'attention de la classe sur eux, cette parcelle d'attention sera un soutien durable à la construction de leur confiance.

Tout effort pour humaniser la vie à l'école apportera un bénéfice immense : salles de classe attitrées, groupes fixes, excursions, classes de nature, programmes de soutien inter-élèves, enseignement des savoir-faire sociaux, des talents relationnels, de l'estime de soi. Le secondaire est pour de nombreux jeunes la dernière chance de se délivrer à jamais d'une programmation négative. Faites votre possible !

L'agression entre élèves, en paroles et en actes

Ce ne sont pas les « mauvais enfants » qui sont responsables des brimades entre élèves. Dans les faits, il s'agit toujours d'un symptôme du système adulte dans lequel vivent les jeunes. Un système globalement oppressant, à la maison et à l'école, qui conduit ses « victimes » à s'en prendre les unes aux autres.

Depuis la nuit des temps, quand les barons rudoyaient les chevaliers, les chevaliers s'en prenaient aux paysans et les paysans battaient leurs femmes et leurs enfants. Si cette dynamique n'est pas comprise, les autorités scolaires essaieront d'arrêter la persécution avec plus de répression et cela engendrera une tension et une violence plus grandes encore.

Lorsqu'on donne aux enseignants suffisamment de locaux et de matériel et qu'on les soutient dans leur métier, lorsqu'on traite les jeunes avec fermeté tout en préservant le respect qu'ils ont d'eux-mêmes, les brimades entre enfants cessent rapidement. Mais si les conditions matérielles sont importantes pour une école, elles ne sont en aucune manière comparables à la *façon dont les personnes se traitent entre elles,* du sommet de la hiérarchie à sa base.

L'école n'est pas d'habitude la source des problèmes les plus graves des enfants. Mais elle a sa manière à elle d'aggraver leur souffrance !

Une étude, menée à Melbourne par le Conseil de la Formation des Adultes, montre que les adultes illettrés ont presque tous souffert de problèmes d'adaptation avant même d'aller à l'école. L'école a négligé de porter remède aux craintes et au manque d'estime de soi de ces enfants et c'est devenu un handicap dans leur apprentissage de la lecture et de l'écriture (un Australien sur dix a de réels problèmes d'illettrisme).

L'échec de l'école à venir en aide aux enfants à problèmes est rarement le fait de l'instituteur. L'erreur réside dans la méthode « industrielle » appliquée à l'école : nous essayons d'enseigner aux enfants par troupeaux de 30-35 à la fois, et nous nous étonnons qu'ils soient si peu à réussir. La culture occidentale est la seule dans l'histoire qui ait adopté une telle approche pour l'éducation de ses jeunes. Il y a des milliers d'années, les aborigènes enseignaient aux jeunes face à face, un adulte par enfant, et rencontraient peu d'échecs ou de renoncements.

EN CONCLUSION

Aucun professeur, si dévoué soit-il, ne peut apporter à la fois le soutien affectif et la stimulation éducative dont ont besoin trente enfants pour bien apprendre. Bientôt viendra le jour où nous remettrons à plat le système éducatif et apprendrons à inonder nos écoles d'adultes compétents, volontaires ou salariés, formés ou en formation, afin que chaque enfant puisse recevoir son dû. En attendant, l'éducation restera un combat harassant, entraînant de lourdes pertes.

Puisque vous êtes un enseignant plein d'attention (sinon vous ne seriez pas en train de lire ce livre), et puisque vous souhaitez faire ce que vous pouvez dès à présent, laissez-moi terminer en vous incitant vivement à :

I. Éliminer de votre enseignement toute parole bessante et utiliser pour l'autorité des méthodes d'affirmation ;

II. En présence d'enfants à problèmes, qui peut-être vous mangent déjà beaucoup de temps et d'énergie, envisager d'utiliser les méthodes présentées dans ce chapitre ;

III. Veiller à ce que vos propres besoins en affirmations positives trouvent satisfaction. Vous êtes une espèce menacée et les enfants (australiens ou pas) ont besoin de vous vivant et en bonne santé !

VOUS ÊTES RESPONSABLE POLITIQUE OU MEMBRE D'UNE ASSOCIATION

Une famille n'est pas une île. Une famille en bonne santé ne peut exister que dans une société qui répond à ses besoins. On peut considérer la société comme une sorte de club géant, auquel nous payons tous des droits d'adhésion, aux activités desquelles nous participons tous, et dont nous recevons en retour différents avantages.

Le club est loin d'être idéal. Il est plutôt désorganisé ; en plus, certains membres dont l'intérêt ne va pas dans le sens de nos travaux s'efforcent d'en modifier le cap en leur faveur. Nous devons donc travailler dur pour avoir notre part dans l'affaire, tout en coopérant suffisamment pour que le club ne s'écroule pas.

Les parents, notamment, trouvent qu'ils doivent négocier en permanence avec le monde extérieur pour obtenir la juste part pour leurs enfants. Ainsi, tout en investissant leur énergie « en interne » pour améliorer la vie de famille, en jouant avec les enfants et en les éduquant, ils se tournent aussi « vers l'externe », dans les associations de parents ou de quartier, ou en s'engageant politiquement, pour la cause écologique ou pour une autre.

Bien sûr, les gens peuvent en faire trop d'un côté comme de l'autre. À un bout de l'échelle il y a la famille repliée sur elle-même, qui ne s'aventure pas dans la vie sociale et peut ainsi être conduite (comme autant de moutons) vers un État de plus en plus totalitaire. À l'autre extrémité, on trouve des parents si engagés politiquement (ou pris par leur carrière, ou par une cause) qu'ils n'ont pas de vie de famille, sont névrosés et saturés, négligent leur couple et leurs enfants.

Cet ouvrage a privilégié « l'interne », en traitant de la vie à l'intérieur du cercle de famille ; une vision légitime, mais qui nécessite un rééquilibrage. Ce chapitre montre comment notre nouvelle compréhension de la vie de famille affecte la société au sens large.

On appelle parfois « contrats sociaux » ce que nous recevons en échange de notre participation à la société. Cela peut sembler trop « à sens unique », mais dans la réalité, ce n'est pas le cas. La famille offre son travail et ses impôts, et contribue de nombreuses manières à la société. En fait, multipliée par millions, la famille EST la société. Mais souvent, elle ne semble pas y trouver son compte :

par exemple, le système de santé peut paraître trop cher ou de mauvaise qualité ; il peut ne pas y avoir assez de crèches, ou pas de petits jobs pour les adolescents. La famille se voit contrainte de se battre pour obtenir ce dont elle a besoin.

Au cours de dizaines d'ateliers, j'ai eu l'occasion de parler des « droits des parents » ; j'ai découvert que ces derniers n'étaient pas satisfaits de services comme l'école, la médecine, les services municipaux, etc. Même en prenant en compte la tendance naturelle de tout être humain à se complaire dans la grogne, il n'est pas surprenant que de nombreuses personnes se sentent démunies, mal servies par la société, et notamment par « l'administration ». Ici aussi, le concept d'affirmation de soi doit s'appliquer. Nous apprenons aujourd'hui aux parents, par des jeux de rôles et une formation à la stratégie, à réagir face au médecin évasif, au fonctionnaire désagréable, au professeur arrogant, etc. Et aussi à faire respecter leurs droits en tant que consommateurs.

L'affirmation de soi au sens social doit comprendre l'action organisée, car la voix isolée a un pouvoir limité. En ce début de siècle, les gens rejoignent de plus en plus des associations ou des groupes d'intérêt. Ils s'investissent moins dans les clubs de loisirs (tennis ou macramé) ou dans les organisations anonymes plus vastes comme les partis politiques traditionnels, mais davantage dans des mouvements de taille moyenne comme les associations de défense de l'environnement, les associations de parents d'élèves, etc.

Les hommes et femmes politiques devraient accueillir cette tendance à bras ouverts, puisqu'elle ouvre la voie à une vraie démocratie participative tout en offrant des solutions bon marché pour un développement communautaire. Un voisinage attentif et proche est bien plus efficace pour la prévention des agressions sur les enfants (en éloignant la solitude et l'ennui) qu'une armée de médecins et de travailleurs sociaux. Les associations d'entraide pour la santé mentale, le « parentage », la lutte contre l'alcoolisme, la protection de l'enfance, la formation prénatale, les parents isolés, les parents d'élèves, les anciens combattants, etc. se multiplient et font du beau travail.

Il ne fait pas de doute que la famille a besoin, en premier lieu, de sécurité matérielle. Au-dessous d'un certain niveau de revenus, personne ne peut élever des enfants heureux. Mais au-dessus du niveau de base, le besoin change. Une fois logés et nourris convenablement, ce dont les gens tirent le plus de bénéfice, c'est de la possibilité de nouer des liens avec d'autres et de s'engager dans des activités pourvues de sens, librement choisies. Plainte souvent entendue : « Les parents ne veulent pas s'investir. » Elle émane d'habitude d'organisateurs de réunions parents-professeurs barbantes et sans projet collectif, ou de conférences prêchi-prêcha sur l'éducation... Comparez avec le succès des réunions où l'on présente et achète des bols en plastique ou des dessous en dentelle ! Clairement, les gens préfèrent se joindre à des groupes amicaux où ils participent naturellement, même au prix d'une invasion d'ustensiles à couvercle dans leurs placards ! Il est dommage que ces réunions soient souvent le seul moyen de répondre au fort besoin d'appartenance et d'échange dans nos quartiers résidentiels.

Aux États-Unis, une vaste étude a cherché à montrer pourquoi, malgré de faibles revenus, un foyer brisé et un logement médiocre, certains adolescents restent respectueux des lois et productifs, alors que d'autres deviennent des délinquants. Le seul facteur qui ressort clairement est que ceux qui s'en sortent ont, en dehors de leur famille, accès à des activités auxquelles participent des adultes, auprès desquels ils trouvent un bon soutien affectif. La plupart du temps – pas toujours –, c'est par le biais d'un club ou d'un groupe géré par des adultes sincèrement impliqués. L'incarcération d'un jeune délinquant coûte environ 60 000 euros par an ; les jobs pour les jeunes seraient un bon investissement.

Résumons donc. Si vous êtes parent, vous aurez souvent à entrer en contact avec des associations en dehors de vos quatre murs pour mettre en avant les intérêts de votre famille et tracer un avenir correct à vos enfants. Si vous êtes partie prenante de la communauté, comme secrétaire d'un club de parents ou d'amis ou comme député, alors la seule chose que vous devez comprendre est que les familles ont un besoin d'APPARTENANCE. Tout ce qui peut renforcer le lien familial et construire une communauté forte entraîne une économie considérable de problèmes sociaux – et de dépenses – et conduit vers une société plus heureuse et plus autonome. En matière de dépense d'argent public, mieux vaut prévenir que guérir.

SI VOUS ÊTES GRAND-PARENT, VOISIN OU AMI

Le « parentage » est, parfois, une activité bien solitaire. Souvent, ce sont les voisins ou les proches qui perçoivent la montée de la pression et la mise en place de schémas négatifs entre parents et enfants. Mais, dans cette position, difficile de savoir comment offrir de l'aide sans offenser personne. Laissez-moi vous faire quelques suggestions.

L'aide concrète

La manière la plus évidente d'aider est de proposer de garder les enfants. Beaucoup de jeunes parents sont épuisés par l'enchaînement perpétuel du travail et du « parentage ». Quelques heures de détente leur sauveraient la vie et pourtant, c'est une chose que les grands-parents hésitent à proposer, par peur de s'imposer. Petite astuce : proposez de faire du baby-sitting « de temps en temps », et faites-le, mais répondez aussi parfois : « Non, cette semaine je ne peux pas. » Ainsi, les parents comprennent que vous savez refuser, que vous n'êtes pas corvéable à merci ! Une de mes vieilles amies pétrie de sagesse a offert de garder l'enfant de ses jeunes voisins, à la condition expresse qu'ils utilisent ce temps pour se détendre. Manipulateur, mais payant.

Après vient l'aide matérielle. Notre société suit un schéma selon lequel nous sommes pauvres quand c'est le moment d'élever nos enfants, et riches une fois qu'ils sont devenus adultes. Autrefois les gens, pris individuellement, étaient plus pauvres, mais ils profitaient du patrimoine commun. Les jeunes familles d'aujourd'hui apprécient beaucoup le prêt de l'équipement nécessaire à l'éducation des enfants (poussettes, etc.) ou toute autre forme de soutien matériel.

L'amitié

Chez un voisin ou un ami, rien ne vaut une disponibilité chaleureuse, une humeur égale et une écoute attentive. Les parents accumulent au fil du temps tensions et soucis. En présence d'un auditeur compréhensif, tout cela fond comme neige au soleil. Si vous avez du temps pour écouter et vous intéresser, et si vous ne faites ni suggestions ni comparaisons, vous verrez la détente envahir le visage de votre interlocuteur au fil de son discours.

Ne prêchez pas, ne faites pas de conférence, ne jugez pas, ne comparez pas, ne critiquez pas, n'évaluez pas. Si vous ressentez une onde de vénérable sagesse vous envahir et titiller votre langue, serrez les dents et souriez abondamment en attendant que cela passe. Les conseils peuvent blesser l'amour-propre de la personne qui les reçoit, surtout si ce n'est pas ce qu'elle recherchait au départ. Même un « bon » conseil aura pour désagréable effet secondaire de « diminuer » l'interlocuteur. Suivez mon conseil !

À ne pas faire

Si vous êtes le parent du parent, vous serez régulièrement tenté de revenir au « parentage » que vous n'avez pas su lui donner quand il avait douze ans, et ceci juste au moment où il patauge en espérant que vous n'avez rien remarqué. Si vous le faites souvent, votre progéniture devra faire semblant de s'en sortir admirablement chaque fois que vous serez dans les parages : un fardeau de plus.

Les adultes ont besoin d'amis, pas de parents. Et ils ont besoin de messages positifs.

Parents de rechange

Margaret Mead a dit que les petits-enfants et les grands-parents s'entendent à merveille parce qu'ils ont un ennemi commun ! Il est vrai que les enfants ont besoin d'autres adultes, comme amis ou confidents proches, qui puissent dispenser approbation et affection quand les parents sont trop débordés pour communiquer de manière satisfaisante. Je connais de nombreuses personnes qui se sont bien tirées d'une enfance dans un foyer infernal parce qu'ils avaient, près d'eux, le refuge sûr d'une personne plus âgée. Même le grand-parent le plus ronchon a sa valeur, ne serait-ce que pour montrer combien maman et papa sont chouettes en comparaison !

Quand les familles auront tissé des liens étroits avec leur voisinage et leurs proches, et quand toutes les générations pourront se rencontrer librement, nous n'aurons plus besoin de psychologues ni de bureaux d'assistance sociale. Nous prendrons soin de nous-mêmes.

UNE PETITE HISTOIRE POUR TERMINER

Un de mes amis m'a raconté un incident de la vie quotidienne qui résume peut-être tout le travail du « parentage ». Comment un être humain peut commettre des erreurs et comment, s'il s'en donne la peine, les choses finissent par s'arranger.

Mon ami avait passé une sale journée au bureau. Il était fatigué, il faisait très lourd, la maison était en chantier. La soirée était déjà bien avancée.

Son fils aîné, un grand gaillard de treize ans, traînait dans la cuisine comme le font les gamins de son âge, occupant tout l'espace. Après un petit accrochage, brusquement, le père se mit à hurler : « Tu sors d'ici ! Tu vas dans ta chambre ! J'en ai marre de toi ! »

Furieux, l'adolescent partit dans sa chambre. Quelques secondes plus tard, le père s'est senti honteux. Il avait vu le visage de son fils pendant qu'il hurlait, ses paupières frémir devant sa violence. Il se rendait compte que son fils, à cet instant, avait dû ressentir physiquement de la peur.

Il a cherché à comprendre pourquoi sa colère avait été si forte. C'était sans commune mesure avec la situation. Peut-être était-ce juste à cause de sa journée ? Mais le sentiment de honte persistait. Après quelques minutes, il est monté dans la chambre de son fils et a dit : « Excuse-moi, je n'aurais pas dû te crier dessus. Tu me cassais les pieds, mais ce n'est pas une raison pour que je hurle comme ça ou que je te renvoie. Je suis désolé. J'aimerais que tu me pardonnes. »

Houlà ! Il faut du cran pour faire ça. Même l'écrire, simplement l'écrire, m'est pénible. Le jeune n'a pas montré de réaction. Il était blessé et c'était difficile pour lui de reprendre confiance sur quelques mots d'excuse. Le père est redescendu ranger la cuisine.

Après une vingtaine de minutes, il est monté se coucher. Il était en train de se brosser les dents dans la salle de bains quand son fils, qui allait aux toilettes, est passé près de lui ;

avec un éclair de malice dans l'œil il a dit à voix basse, mais très distinctement : *« C'est incroyable, on n'arrive même pas à te détester ! »*

Vous dépensez des trésors d'énergie pour vos enfants : les nuits debout, les trajets angoissés aux urgences, la corvée des devoirs, les kilomètres en voiture.

Ce qui est formidable, c'est que chaque investissement s'additionne. Avec un peu de chance, un jour, vos enfants vont s'en rendre compte. L'amour, ça construit quelque chose. Franchement, rien d'autre n'a autant d'importance.

BIBLIOGRAPHIE

Voici quelques-uns des ouvrages dont je me suis inspiré ou que je cite dans mon livre :

AXLINE Virginia, *Dibs*, Flammarion, 1977.

BIDDULPH Steve et Shaaron, *The Making of Love*, Doubleday, Sidney, 1988.

EMBLING John, *Toma child's life regained*, Pelican, New York, 1980.

GORDON Thomas, *Parents efficaces*, Marabout, 1996.

ILLSLEY-CLARKE Jean, *Grandir avec ses enfants*, Sciences et culture, 1993.

JAMES Muriel et JONGEWARD Dorothy, *Naître gagnant*, Dunod, 2000.

LIEDLOFF Jean, *The Continuum Concept*, Futura, Londres, 1975.

SCHIFF Jacqui, *Ils sont devenus mes enfants*, InterEditions, 1985.

YORK David et Phyliss, *Tough Love*, Bantam, New York, 1983.

COMPLÉMENT D'INFORMATION

(à l'attention des spécialistes de l'enfance)

En écrivant ce livre, j'ai eu pour objectif d'aider les parents à reconnaître et à éliminer ce que j'appelle le « parentage rabaissant », c'est-à-dire l'utilisation de messages destructeurs pour éduquer les enfants. Dans tous les chapitres, je cherche à présenter des alternatives à cette façon de faire pour que les parents ne se retrouvent pas sans lignes directrices après s'en être débarrassés.

Thérapeutes et spécialistes de l'enfance reconnaîtront sans doute beaucoup des idées reprises dans ce livre. À l'attention de ceux qui souhaiteraient retrouver l'origine de certains concepts, ou les étudier en détail pour mieux venir en aide aux enfants et aux familles, voici un bref rappel des sources utilisées pour chaque chapitre :

1. Des graines dans le cerveau

Éric Berne est le premier à avoir reconnu l'importance de « l'enregistrement » des messages parentaux. C'est l'axe principal du système thérapeutique connu sous le nom d'Analyse transactionnelle. Robert et Mary Goulding ont classé la programmation négative des enfants en dix messages « NE FAIS PAS ». Ils ont découvert qu'il ne s'agit pas de programmation passive (comme le pensait Berne), mais d'une coopération « hors de la conscience » de la part de l'enfant. C'est ce qui fait que ces messages demeurent actifs et compromettent souvent les chances de l'individu dans sa vie d'adulte. Retracer l'historique de cette programmation et la ramener à la conscience constitue une technique thérapeutique puissante, appelée thérapie de la « redécision ».

Les enfants sérieusement négligés et/ou perturbés peuvent être en manque de messages de remplacement, même si on les place dans un environnement plus affectif. Jacqui et Aaron Schiff ont connu des succès avec ce type d'enfants grâce à leur système de reprogrammation intensive appelé « reparentage », qui regroupe des techniques fortement éducatives et directives.

L'idée d'« hypnose involontaire » est à attribuer directement aux travaux de Milton Erikson. On la trouve à la fois dans ses publications et dans les nombreux ouvrages sur lui publiés depuis sa disparition. Richard Bandler et John Grinder, notamment, expliquent clairement ce processus, et comment on peut l'employer volontairement. Un débat d'éthique est en cours au sujet de cette méthode.

Les messages « Tu » ont été popularisés sous ce nom par Thomas Gordon, dans le cadre de sa méthode *Parents efficaces* qui a rencontré un immense succès. Sous le nom d'« attributions », ils sont étudiés dans presque tous les articles sur la thérapie familiale, par exemple dans les ouvrages de Virginia Satir, Jay Haley, R. D. Laing, etc.

2. Ce que veulent vraiment les enfants

Les premiers travaux de Rene Spitz et John Bowlby entre autres, et des articles traitant de situations comme l'hospitalisme et le marasme, ont apporté le concept des « notes positives ». Toute l'approche de la modification des comportements est bâtie sur l'idée : « Cajoler, c'est gagner ». Le livre d'Amelia Auckett sur le massage du bébé est une bonne introduction à un « parentage » chaleureux.

3. Guérir par l'écoute

C'est « l'écoute active », concept dérivé des méthodes de Carl Rogers centrées sur le client, appliquée à la vie de tous les jours. C'est aussi à Thomas Gordon que l'on doit d'avoir adapté cette approche à l'intention des parents.

4. Les enfants et les émotions

Les émotions se comprennent mieux si on les conçoit comme des variantes des quatre états biologiques : colère, peur, tristesse et joie. Ces états sont innés, mais leur expression est très largement façonnée par des facteurs culturels et familiaux. La théorie et la pratique thérapeutique, par exemple la méthode de réévaluation, apportent une aide pour comprendre et libérer la part émotionnelle présente dans chaque être humain. En analyse transactionnelle, l'école de « reparentage » a développé l'apprentissage systématique de réponses émotionnelles expressives, tout en restant socialement constructives. Le concept de « chantage » ou d'émotions feintes pour manipuler l'entourage revêt une grande importance. Crises de rage et de timidité, bouderies et expression d'ennui sont des dysfonctionnements de l'émotion que nous tolérons beaucoup trop chez l'enfant dans notre culture. Ces avatars perdurent souvent à l'âge adulte, sous forme de violence, de dépression, etc. Ken et Elizabeth Mellor ont été les premiers à décrire la fausse nature de la timidité et le moyen de la « guérir ».

5. Le parent sûr de lui

La fermeté est reconnue et largement enseignée, mais rarement appliquée directement dans le « parentage ». Nous le regrettons, car si les parents faisaient preuve de fermeté, ils n'auraient pas besoin de rabaisser leurs enfants. De nombreux ouvrages et enseignements convenables sur la fermeté traitent des savoir-faire de surface ; mais les ouvrages et pédagogies réellement utiles sont ceux qui aident les parents à mettre le doigt sur leur propre programmation négative.

Le mouvement du *Tough Love* (« affection musclée »), qui met en pratique la fermeté, semble tout à fait valable pour les parents d'enfants à problèmes, mais un bon contact avec des thérapeutes est nécessaire pour que les groupes de parole fonctionnent efficacement.

6. Le milieu familial

Avec la vigueur qui la caractérisait, Margaret Mead a contribué pour une très grande part à nous faire comprendre que nous ne vivons plus au sein de vraies familles, mais dans des fragments de famille. Virginia Satir, Michael White, Brian Cade et d'autres auteurs spécialistes de « thérapie familiale structurelle » nous apportent des outils plus sophistiqués pour étudier notre structure intra-familiale.

7. Âges et étapes

Je me suis inspiré, pour décrire les différents stades du développement de l'enfant, de l'ouvrage de Pamela Levin. Le livre de Jean Illsley-Clarke, cité en bibliographie, reprend plus en détail les idées de Pamela Levin. C'est un guide utile et pratique sur le développement de l'enfant, par tranche d'âge et par type de problème.

8. L'énergie, et comment l'économiser

Presque tous les parents ont conscience d'être parfois « vidés » de leur énergie par certaines personnes, de recevoir et d'échanger de l'énergie avec d'autres. Les travaux de Ken Mellor et de Julie Henderson ainsi que ceux d'autres « bio-énergéticiens » démontrent bien qu'il ne s'agit pas d'une simple métaphore. Cela peut sauver la vie de parents menacés d'épuisement au quotidien. Des techniques comme le Reiki, le massage, la relaxation peuvent s'avérer précieuses pour les parents et devraient être d'un accès plus facile.

IMPRIMÉ EN FRANCE PAR BRODARD ET TAUPIN
27835 - La Flèche (Sarthe), le 04-01-2005.

pour le compte des
Nouvelles Éditions Marabout
D.L. n° 55701 - février 2005
ISBN : 2-501-03551-8
40-3224-9/05